トップ1%の
人だけが知っている
「最高のマネープラン」

保野成敏

日本経済新聞出版社

はじめに

金融庁の審議会による「高齢社会における資産形成・管理」という報告書が大きな波紋を呼んでいます。

報告書は、51ページにもわたる長文ですが、平たく言えば、人生100年時代に向けたマネープランの自助努力を促す内容です。

これまで政府が「100年安心」としてきた年金制度ですが、高齢夫婦（夫65歳以上、妻60歳以上）の場合、年金収入だけでは足りず、平均寿命までの30年余りを生きるためには平均約2000万円程度の蓄えが必要であるとして、そのための貯蓄や資産運用の必要性を呼びかけたのです。

この「年金2000万円不足問題」を報道各社がクローズアップしたことにより、国民は老後に受け取る公的年金だけでは老後の生活がまかなえないという現実を突きつけられました。あまりの反響の大きさに、すぐさま金融相がこの報告書を実質撤回する事態となったことも事の深刻さをうかがわせました。

「年金2000万円不足」という平均値が一人歩きしている感が否めませんが、そもそも客観的に見て、金融庁の審議会が発したレポートは、日本が直面している高齢化社会の現状と今後の課題を浮き彫りにしています。

そもそも老後に必要な生活費は人それぞれですし、金融庁の審議会から指摘されずとも「公的年金だけでは安心な老後生活は送れない」と考えていた人は多いはずです。「2000万円」という数字がクローズアップされ、老後に対する漠然とした不安が顕在化したのでしょう。

この本は、あなたから「お金に対する不安をなくす」ことを目的として書きました。自分には当てはまらない平均値に気を取られたり、部分的に切り取られた二次情報に嫌悪感を持つだけで、自分に必要なアクションを起こさなければ何も変わりません。各自がきちんと対策をとることにより、年金がどう転ぼうとも、老後のマネープランに見通しをつけることは可能であるということを知っていただきたいのです。

おかげさまで、シリーズ第1作である『トップ1%の人だけが知っている「お金の真実」』は、2019年7月現在で22回もの刷りを重ねるロングセラーになりました。お金に関する私たちを取り巻く環境の変化にいかに向き合うかについての書でしたが、ページの関係で具体策までは踏み込むことができませんでした。

その部分に関していただいた多くのお声にお応えするのも、本書の役目の1つです。

中心テーマは、「お金の設計図のつくりかた」。いわゆるマネープランです。

私は現在、金融のプロ中のプロとタッグを組み、マネースクールを開催しています。2016年4月の開講以来、ありがたいことに、丸3年を超えて約400人もの方にご入会いただきました。

マネースクールの最大価値は、敏腕ファイナンシャルプランナー（FP）による個別コンサルティングにあります。1人ひとりのマネープランを実現させることにコミットした、他には類を見ないコミュニティだと自負しています。

今回、そのビジネスパートナーの協力を得て、門外不出のコンサルティング現場でのやりとりを紙上で再現させることにも挑戦しました。約400名のマネープランをつくってきたナレッジベースのみならず、彼らの持つマネープランニングのノウハウも、惜しみなくご提供いただきました。

本書には、あなたが1人でもマネープランを作成できるよう、多くのヒントを詰め込んであります。

特定の企業に属さない、本音を言える独立系のマネースクールであることが、私たちの強みの1つです。どうしても、特定の金融業者と関係があると、金融商品を売ることが目的になってしまうことがありますので。

本書には商品の実態や手法が赤裸々に書かれているため、金融業界の人にとって都合の悪い内容も一部に含まれているかもしれません。

前置きはこれくらいにして、早速、マネープランの世界に入っていきましょう。

俣野成敏

第1章 あなたはなぜ、お金が残らないのか?

第2章 貧乏型思考を未来型思考に変える

第3章 実践！ マネープランの作成

第4章 手段の構築

第5章 「ハイブリッド・クワドラント×マネープラン」で、望む人生を実現する

第1章

あなたはなぜ、お金が残らないのか？

なぜ、セレブと呼ばれる人たちは自己破産しやすいのか？

「ああ、もっとお金があったらなぁ……」

あなたも、一度はこう思ったことがあるのではないでしょうか。そんな時に、テレビでプロスポーツ選手などが、ケタ違いの報酬契約を結んだニュースが流れようものなら、自分とのあまりの違いに、がっかりしたかもしれません。

けれど、ニュースにはまだ続きがあることをご存じですか？　彼らの多くが、大金を手にしてもハッピーエンドとはいかない現実を。

アメリカの『スポーツ・イラストレイテッド』誌は２００９年、ＮＢＡプレイヤーの60％が、引退から５年以内に自己破産する、と報じています。ＮＦＬプレイヤーにいたっては、なんと78％が引退後２年経たずして、何らかの経済的困窮に陥ってしまうのだとか。

これは、ものすごい数字です。私たち一般のサラリーマンの場合、これだけの数字の人が自己破産にいたることなど、普通はあり得ません。

世間では、超高額な報酬を得ているスポーツ選手やハリウッド俳優、スーパーモデル、歌手などのことを〝セレブ〟と呼んでいます。スポーツ選手に限らず、こうしたセレブたちの破天荒な生活ぶりや、経済的危機を伝えるニュースが、たびたび世間を騒がせてきました。

私たちよりたくさんお金を稼いでいるはずの彼らが、いったいどうしてこのようなことになってしまうのでしょうか？

ここでは具体例として、最近、自己破産の危機を報道された、あるハリウッドの大物俳優を例に考えてみることにしましょう。

この大物俳優は、映画１本あたりの出演料が数十億円という、破格の報酬を得ています。それはもちろん、その俳優が映画に出演することで、多くの観客を動員できるからに他なりません。

その俳優は、ハリウッド屈指の出演料を誇りますから、当然ながらお金の使い方も尋常ではありません。生活費は1カ月で億を超えると言われ、世界中に十数軒の豪邸を有し、他にも自家用ジェットや豪華ヨット、美術品や高級スポーツカー、ヴィンテージもののコレクションなどなど……を所有しています。

私生活も派手で、夜な夜なパーティーに明け暮れ、シェフによる高級料理に舌つづみを打ちながら、ワインにシャンパンに……と、まさに夢のような生活です。

しかし、こうした生活を維持するためには、莫大なお金が必要になります。豪邸や数々のコレクションを管理するのに数十人のスタッフを雇い、他にもコレクションを保管する倉庫代やメンテナンス料などなど……。スタッフへの給料だけでも年間数億円かかります。

そう、この大物俳優は、自分が稼ぐ以上に使っているお金のほうが多いのです。

セレブたちも現役でいるうちは、収入がたくさんありますから、仮に借金があったとしても返すことが可能です。けれど、収入が途絶えた途端に、それまでの豪華な生活は維持できなくなります。

彼らの場合は、特に人気商売ですので、ファンあっての高額報酬です。なのに、みんなからチヤホヤされ、楽しい思いをしているうちに、やがて自分自身を見失ってしまうのでしょう。

人間は生きている以上、必ず歳をとり、カラダも衰えていきます。世の中の流行り廃りもあっという間ですから、ファンの気持ちもすぐに移り変わっていきます。

もしかしたら、彼らも心の中では、この栄華が長続きしないことをわかっていて、その恐怖から逃れるために、豪奢な生活で気を紛らわそうとしているのかもしれません。

ところで、「セレブたちはそんなにお金があるのだから、どうしてそのお金を使って、お金の専門家を雇わないのだろう？」と思いますよね？

もちろん、彼らだってそれくらいのことは知っています。

先ほどの大物俳優を例にお話ししますと、彼も資産管理会社に自分の資産管理を任せていました。しかし、会社はその資産をもとに「不正融資や詐欺、税金の滞納などといった、数々の違反行為を行なった」として、俳優が管理会社を提訴。会社側も、俳優の浪費がトラブルの元凶だとして逆提訴しましたが、後に和解しています。

実はここに、問題の根源が潜んでいます。つまり、「たとえ他人に管理を委託しようとも、自分が管理できない以上、結局はうまくいかない」ということです。

おそらくこの俳優は、自分の財産状況をまったく把握できていないでしょう。このような状態で他人に丸投げしたところで、管理会社が正しく管理しているのかどうかなどわかりません。

これこそが、多くのセレブが破産にいたる真の要因なのです。

どうして、他人に任せるだけではうまくいかないのか?

資産管理会社との金銭トラブルに巻き込まれてしまった、前出の大物ハリウッド俳優(現在は和解)。

こうしたトラブルは、何もお金持ちだけに起こるわけではありません。私たちの身にも、いつ起こらないとも限りません。

「投資をしてお金を増やしたいけれど、どれがいいのか、誰を信じたらいいのかがわからない……」

このような悩みは、どうしたら解消できるのでしょうか。

先ほど、大物俳優のトラブルは、俳優自身が自分の資産状況を把握していないことに起因している、と述べました。

「でも、資産を管理してもらうためにお金を払っているんだから、任せるのは当たり前でしょ？」

「その俳優は、悪い業者に当たって運が悪かったんだよ……」

多くの人は、こう考えるかもしれません。

しかし、プロに丸投げするだけでは、なかなか問題は解決しません。

本来、プロに依頼するというのは全部を任せることではなく、「一緒に〝作品〟（お金の場合であればマネープラン、ポートフォリオ、投資戦略など）を仕上げていく」イメージです。

プロと二人三脚で作業を行っていくには前提条件があり、それは

1　自分とプロが同じ絵（目的）を見て話す。

2　パズルのピース（目的達成に必要な諸条件）は、自分でも理解・納得する。

これが「お金をマネジメントする」ことの基本です。

たとえると、「どんな絵を完成させたいかがよくわからないまま、よくわからない

ピースを置いていくのは、福笑いと同じだ」ということです。

もし、これをお読みのあなたが、「どうしてお金が残らないのだろう？」とか、「お金の問題を解決したい」とお考えなのであれば、それはお金のマネジメントをご存じないからなのだと思います。

「なんだか難しそう……」と心配することはありません。「自分の資産状況を明らかにして、問題を見つけて、それを解決する」、たったこれだけです。

本書を通じて、あなたには1と2の基本を身につけるためのコツをつかんでいただきたい、と考えています。

働き盛りのサラリーマンの「過半数が、貯金がない！」という現実

先ほどのケタ違いの浪費を続けるハリウッド俳優は行き過ぎにしても、世間には、「貯金ができない」と悩む人は多くいます。

ＳＭＢＣコンシューマーファイナンスが２０１９年1月、全国の30～40代の男女１０００人を対象に行った「30代・40代の金銭感覚についての意識調査２０１９」によると、「貯金額がゼロ円」と答えた人が23・１％となり、「50万円以下」が24・６％、「１００万円以下」が12・８％と、合わせて６割以上（60・５％）を占めていたことがわかりました。

働き盛りで、社会人としてもっとも脂の乗った時期であるはずの彼らの半数以上が、「ほとんど貯金がない」という衝撃的な調査結果が出たのです。

お金が貯められない理由の1つに、「私たちがお金についての教育を受けていない」という点が挙げられます。

これまでの義務教育は、お金について教えるカリキュラムがありませんでした。私たちはおろか、私たちの父母やその前の時代から、お金の教育は満足に行われてこなかったのです。

それは「教えない」というよりは、「教える必要がなかった」のだと思います。なぜなら、高度成長期だった時代では、社会のレールに乗ってさえいれば、無事にゴールにたどり着けたからです。

いい学校を卒業して一流企業に就職し、終身雇用で定年まで勤め上げれば、たくさん退職金がもらえて、公的年金の支給も開始される。株や不動産なども右肩上がりで、気づけばマイホームでさえ含み益でひと財産になっている。郵便貯金にお金を預けておくだけでも、いまでは考えられないような利子がつく。そんな時代が長く続きました。

それからもう1つ、大事なポイントとして、「人々の寿命がいまよりも短かった」ということが考えられます。たとえば1947年（昭和22年）の平均寿命は、約52歳でした。当時は、若年層が老年層より圧倒的に多かったために、老年層を支えることが比較的容易でした。しかも、老年に達する前に亡くなる割合が高かったので、「歳をとって働けなくなった後の生活費をどうするのか？」というのは、いまほど差し迫った問題ではありませんでした。

では、ここでは「どうすればお金が残せるのか？」について、考えてみたいと思います。

まずは、Aさん（40代サラリーマン、年収700万円、妻パート勤め、幼稚園児の子供2人）の事例を見てみましょう。

現在、サラリーマンの平均年収が400万円台と言われる中にあって、奥さまもパート勤めをしているAさんは、かなり恵まれています。

これなら家計は問題ないはず……と思いきや、Aさん家の家計は、毎月5万円の赤字です。何とかその赤字はボーナスで埋めているものの、「これ以上、自力ではやりくりできない」と、ファイナンシャルプランナー（ＦＰ）のところへ駆け込みました。

結果、見えてきたのは〝意識のない浪費〟。奥さまの収入と合わせても、月に44万円の手取り収入のあるＡさん。ローンを含めた住居費は11万５０００円など、固定費が高いわけではなく、ＦＰの視点から見ても貯蓄にはかなり有利に見える家計です。

では、何に問題があったのかというと、支出の把握をして気づいたのは、本人たちの気づかぬ細かな浪費が多かったという点です。

要求されるたびに渡している夫のお小遣い・交際費が毎月10万円、頻度も決めずに行っている外食費に毎月８万円、子供の習い事に毎月４万円、その他細かな趣味のお金などにも５万円以上が費やされていました。

高級車やブランド品などを買って贅沢している訳ではないのですが、小さな出費が積み重なって、家計を圧迫しており、貯金も結婚前に貯めていた３００万円から増えず、自転車操業のような生活になっていたのです。

ここまでお読みになって、問題が見えてきましたでしょうか？
前に挙げたハリウッド俳優の事例でも見たように、お金には「使ったものは減る」
という、とてもシンプルな法則が働いています。
ですから「貯金をする＝お金を残す」ためにすべきこととは、

収入＞支出

基本はたったこれだけです。

「どうすれば、これができるようになるのか？」をこの後、解説していきます。

こんなクセがある人は、お金が貯まらない?!

ここまでの話をまとめますと、「お金を稼ぐことよりも、まずはいま、出て行く支出をコントロールし、手残り（余剰金）を増やすことが、貯金体質になるための第一歩である」ということです。この〝手残り〟こそ、資産を築きあげるための原資となります。

この後、資産形成についても触れていきますが、運用をするにも元手が必要です。資産（ストック）もしくは、収入（フロー）のどちらかからしか投資はスタートできないからです。

最初に安定的な資金源を確保することなく、焦って投資をスタートさせても、結局、資金不足で途中解約せざるを得なくなる可能性が高くなります。

逆に、お金をコントロールできるようになった後で、収入が増えてくれば、相乗効果でその分、マネープランの目標への到達も加速します。
ここで大切になってくるのが、「稼ぐ」「使う」「貯める」「殖やす」の順番です。
お金に対するアクションは、主に4つに分類できます。
稼ぐ……多くのサラリーマンは、良い意味でも悪い意味でも変化が少ない。
使う……自分に決定権があり、すぐに変えることが可能。
貯める……「使う」に連動しており、増やすことが可能。
殖やす……「貯める」をさらに加速させる。
□ 稼ぐ↓使う（お金に支配され続ける生き方）

□　稼ぐ↓貯める↓使う（お金をコントロールしている生き方）
□　稼ぐ↓貯める↓殖やす↓使う（お金に働いてもらう生き方）

マネープランを現実化させた後には、
□　殖やす↓使う↓殖やす↓使う（お金の支配から解放された生き方）
という順番を目指すことになります。

この項では、「お金が貯まる人の特徴」と「お金が貯まらない人の特徴」を比べてみることにしましょう。まず、お金を貯められない人の代表的な特徴とは、こんな感じです。

《お金が貯まらない人の特徴》
・将来の不安や恐怖を見ていない人
・支出に対して明確な価値基準を持っていない人
・自分がいくら使っているのか把握できていない人

・自分が今後いくら必要なのか把握できていない人
・貯める理由、金額の裏付けに対して「なぜ？」を答えられない人

総じて、現在・未来の理想・恐怖を顕在化できていない人というのは、お金が貯まらない傾向があります。

「将来の生活や目標を達成できるのか？」という不安を消すために浪費に走ったり、そもそも先の事（養育資金や老後など）を見ようとせず、入ってきたお金を全て使ってしまったり。

もっとひどい人だと、クレジットカード払いやリボ払い・ローンを多用し、自分の収入以上の支出をして借金をしてしまう人もいます。

マネースクールの門を叩いた方の中には、年収が数千万円ありながら、浪費のために1カ月で返せる程度の借金を抱え続けている方もおり、そこを問題ととらえて、改善に動き出した例もあります。

お金が貯まらない人というのは、収入が低い人ではなく、これまでお話ししてきた

ように、「自分がいくら使っているのか？」「今後いくら必要なのか？」ということを考えずに使ってしまったり、支出に対しての優先順位をつけられていなかったり、といった特徴があります。

それでは次に、お金が貯まる人の代表的な特徴を書き出してみましょう。

《お金が貯まりやすい人の特徴》
・将来に対する不安や恐怖を持っている人
・自分がいくら使っているのか把握できている人
・自分が今後「○○円準備すればいい」という明確な目標がある人
・貯める理由、金額の裏付けに対して「なぜ？」を答えられる人
・支出に対して、使う基準を持っている人

いかがでしょうか。あなたはそれぞれ、いくつ当てはまりましたか？

お金を貯められない人からすると、お金を貯められるというだけで「すごい」と思われるかもしれませんが、実際には、将来への不安から、闇雲にお金を溜め込んでいるだけ、という人も結構いらっしゃいます。

こういった方々は、明確な理由づけのもとに目標額を決めることで、以後は安心してマネープランに取り組むことができるようになります。

キャッシュフロー・クワドラントの、何がそんなにすごいのか？

ところで、収入を増やすためには「キャッシュフロー（お金の流れ）」という要素が欠かせません。最近では、お金の流れを増やす手段として、副業を検討している人も多いと思います。

この項では、キャッシュフローを増やそう、と考えている方に、前提となる知識をお伝えします。

本シリーズの第1弾に当たる『トップ1％の人だけが知っている「お金の真実」』の中で、〝ハイブリッド・クワドラント〟についてお話ししました。

クワドラントとは、世界的な大ベストセラー『金持ち父さん貧乏父さん』（ロバート・キヨサキ著、筑摩書房、２０００年）でお馴染みの、ロバート・キヨサキ氏が提唱した新しい概念のことです。

キヨサキ氏によると、「世の中のすべての職業は4つに分けることができる」と言います。それが、

・サラリーマン（Employee）
・自営業者（Self-Employed）
・ビジネスオーナー（Business Owner）
・投資家（Investor）

の4つです（『金持ち父さんのキャッシュフロー・クワドラント』ロバート・キヨサキ著、筑摩書房、2001年）。

クワドラントの詳細に関しては、第1弾をお読みいただければと思いますが、このクワドラントの概念を独自に応用・発展させたものが、前作で提唱したハイブリッド・クワドラントという考え方です。

古き良き時代のように、「学歴社会」「終身雇用」「公的年金」といった社会インフ

ラが機能しなくなっている昨今、１つのクワドラントだけに頼りきりになるのではなく、それぞれのクワドラントの特性を理解しながら、組み合わせていくことでキャッシュフローの上乗せを図る。これがハイブリッド・クワドラントの主張です。

ところで、ここまでのクワドラントの説明を見て、「お金を得る方法を４つに分けることの、何がそんなに大事なの？」と思われた方もいらっしゃるでしょう。

実は、クワドラントの真のテーマとは、「労働と資本の分離」です。

サラリーマンや自営業者（副業の場合も）のクワドラントは、自分の時間をお金に換える領域です。

それに対して、ビジネスオーナーや投資家のクワドラントは、自分のお金の置き場所を変えることで、お金を増幅させようとします。

労働と資本を同一人が担うことにより、そのリスクが分離されていない場合、仮に事業が失敗したりすれば、働くところと資産の両方を一気に失うことになります。

たとえば、サラリーマンの方の中には、自社株を購入している人もいるでしょう。

自社株購入は、有利な条件で株が買えるため、従業員にとってメリットが大きいのは確かです。けれど万一、会社が破綻してしまった際には、大きな悲劇が襲います。「まさか、そんなことが」という、そのまさかが実際に起こった例が、1997年の山一證券の破綻です。山一證券は当時、四大証券会社の1社だったにも関わらず、自主廃業に追い込まれてしまいました。

もちろん、あなたはいまいる会社に将来性を感じているからこそ、そこで働いているのだとは思いますが、「自社株購入は、労働と資本を同時に投入する行為」だということを、どうか忘れないでいただきたいと思います。

労働と資本の分離が行われていない事例をもう1つ挙げるとすれば、大半のコンビニオーナーがそうでしょう。

セブン-イレブン・ジャパンのHPによれば、全国にあるセブン-イレブン2万876店(2019年2月末)中、複数店舗を経営しているオーナーは、全体の26.2%とあります(2017年3月~2018年2月Cタイプ集計結果より)。

国内ローソンでは約6割、その他の企業でも、お店のだいたい5割前後が複数店舗

4つのクワドラント

E Employee (従業員)	B Business Owner (ビジネスオーナー)
S Self Employed (自営業者)	I Investor (投資家)

・左側……時間をお金に換える
収入を上げるには、基本的には「労働時間を増やす」か「時間単価を上げる」しかない。EとSの違いは、どこかに雇われているか、自分で自分を雇っているか。

・右側……お金の置き場所を換える
収入を上げるには、「リスクを上回るリターンを得る」しかない。BとIの違いは、自分のビジネスに投資するか、他人のビジネスに投資するか。

出所：ロバート・キヨサキ『金持ち父さんのキャッシュフロー・クワドラント』（白根美保子訳、筑摩書房）を元に著者が加筆

オーナーによる経営だと思われます。

ということは、逆を言うと、コンビニ各社の約半数～7割のお店のオーナーが、1店舗しか経営していない、ということになります。

先ほどのセブン‐イレブンのHPによると、オーナーの経営パートナーは夫婦72・7％、親子13・9％、兄弟12・3％の順になっており、人員不足や人件費削減などで、彼らの多くが、自らお店に立っていることをうかがわせます。ここでも、オーナー自身の労働力と資本の両方が、お店につぎ込まれているわけです。

最近、騒がれている「コンビニの24時間営業の取りやめ」は、少子高齢化による労働人口の減少もさることながら、そもそも労働と資本が分離されていないことによる、構造的な問題でもあるのです。

多くの苦境に陥っているコンビニオーナーも、人間である以上、24時間365日、働き続けることはできません。

コンビニ業界は、いま24時間営業について加盟店と議論しています。発端は人材不足ですが、他方で進めているのはAI化です。議論をなるべく長引かせながら、一気に店舗の無人化を進めていきたいというのが、本部の本音なのかもしれません。

サラリーマンや自営業者といった職業で、自らが動いてたくさんお金を稼ごうと思えば、遅かれ早かれ、〝自分の時間〟という制約条件に行き当たります。ＡＩ化のみならず、少子高齢化、残業規制、ワーキングシェア、外国人労働者など。サラリーマンを取り巻く環境は厳しさを増すことが予想されます。

これからの時代は、一本足打法でホームランを狙うより、二刀流、願わくば３つ以上の組み合わせをキャリア戦略に組み込む時代です。

「ハイブリッド・クワドラント」は自動的にはできあがらない

先ほどの項で、「サラリーマンや自営業者のように、自らが動いてたくさんお金を稼ごうと思ったら、遅かれ早かれ、〝自分の時間〟という制約条件に行き当たる」というお話をしました。

サラリーマンと自営業者が、お金をたくさん稼ぐ方法は、基本的に2つしかありません。それが、

1　長い時間働く
2　時間単価を高くする

の2つです。

私たちは人間ですから、長時間労働をするにも限界があります。サラリーマンや自営業者の方で、高額所得を得ている人は、時間単価が高いのが普通です。プロスポーツ選手も、作家も、画家も、その高い技術にお客さんが付いて、彼らがお金を支払ってくれているからこそ成り立つ商売です。

どんな職業であれ、他人からお金をいただくためには、当然ながら、プロであることが求められます。その業《なりわい》に通じていればこそ、顧客はお金を払ってくれます。ですから、どの職業であっても、必ず修業が必要となります。

誤解を恐れずに言うと、既存の学校教育はサラリーマン養成所の意味合いがあります。

確かに、現代社会は基礎学力がないと、生きていくのが難しい世の中になっています。「ルールに沿って行動する」「みんなで同じことをする」「同じ知識を習う」「先生

（上の人）の言うことを聞く」「与えられた問題を処理する」といったことは、すべてサラリーマンに必要とされるスキルです。

お伝えしたいのは、私たちが「十数年の年月をかけて、サラリーマンになるための修業をしてきた」、という事実です。

けれど、私たちはそれを修業とは意識せずに過ごしているために、他の3つの職業「自営業者」「ビジネスオーナー」「投資家」に移る際、修業もそこそこの状態で、いきなり勝負をかけてしまう人が、あまりにも多いのです。

これが、大多数の人が成功を手にできない要因の1つになっています。

それでは、3つの職業は、それぞれどのような修業が必要なのでしょうか。

自営業を志す人であれば、先ほどもお伝えしたように、専門技術が必要です。モノを売るセールスマンになるにしても、セールスのスキルが必要となります。

次に、ビジネスオーナーはどうでしょうか？　ここで、求められるのがマネジメント能力です。

純粋なビジネスオーナーは、マネジメントも自分では行いません。とはいえ、自分の会社を、マネジメント能力のある人に託そうと思ったなら、まずは自分自身がマネジメントを理解していなくてはなりません。自分で危険を発見できなければ、会社は容易に制御不能の状態に陥るでしょう。

お金だけ払って会社を買い、マネジャーを雇い入れるだけでは上手くいかない、ということです。

続いて、投資家はどうでしょうか？

「投資って、投資銘柄にお金を投じることでしょ？　一体、どんな修業が必要なの？」

とあなたは思われるかもしれません。

実は、投資家の修業は、他の３つのクワドラントと異なり、軽視されがちです。

自営業者やビジネスオーナーに求められる専門技術やマネジメントのノウハウなどは、普段の仕事を通じて、ある程度は学べます。

しかし多くの方にとって、投資の世界は門外漢の世界であり、目利きがきかない分野です。そのため、巷に溢れる玉石混淆の情報から自分に合ったものを抽出すること自体が難しいです。

投資家とサラリーマン・自営業者・ビジネスオーナーとの決定的な違いは、「投資家は他人にお金を預ける」という点です。

他の3つの職業では、仕事が自分の目の届く範囲内にあることが多く、代金も等価交換を基本としています。しかし投資の場合、基本は他人の事業に対してお金を投じるため、限られた情報の中で判断を下さざるを得ないのです。

労働と資本という、お金を生み出すための2つの資源のうち、一部の仕事を除いて、サラリーマンは労働だけを担っています。通常、事業を遂行するための資金や資源などは会社が出しており、サラリーマンは資本を先出しすることには慣れていません。

等価交換ではなく、失敗するかもしれない事業に資本を先出しするという行為は、リスクを伴います。お金が殖える可能性と失う可能性を天秤にかける行為です。学校教育では、お金の教育はほとんど行われておらず、たいていの方は、間違ったリスクの取り方をしています。

その一方で、資本のリスクを負うことなく、労働のリスクを負うだけでお金を稼げることが、サラリーマンの最大のメリットでもあります。自分の資本を出さなくてよく、基本は事業の成否に関係なく収入を得られるので、お金が貯まりやすいわけです。

正しく資本リスクを負う方法を知り、貯金体質になるコツをつかめれば、サラリーマンをやりながら、「ハイブリッド・クワドラントを実現する＝複数のキャッシュフローを持つこと」は十分可能です。

独立・起業するための資金にしろ、万一のための備えにしろ、最初に貯金体質をつくることが、次のアクションを起こす際のベースとなります。

「どのクワドラントをハイブリッドするにせよ、原資をつくることが第一の修業だ」と言ってもいいかもしれません。

第2章

貧乏型思考を未来型思考に変える

貯金ができるようになる最強の仕組み、それが〝マネープラン〟

第1章では「なぜ、多くの人は貯金ができないのか?」という理由を明らかにし、「ハイブリッド・クワドラント(複数の収入源を持つこと)の実現には、まずは貯金体質になることが第一である」ことをお話ししてきました。

たいていの人は、「貯金ができないのは、収入が少ないからだ」と勘違いして失敗します。

ありがちなのが、短期間で資産を増やそうとして、手段ありきのハイリスク投資ばかりに目が向いてしまったり、何の知識もなしに、いきなり株やFXなどの投資を始めてしまったり。もしくは、寝る間を惜しんでアルバイトを掛け持ちして、カラダを壊してしまったり……といった行動をすることです。

誤解しないでいただきたいのは、高利回りが絶対にダメだとか、株やFX自体を否定しているわけではない、ということです。必要と判断されれば、マネープランに取り入れることもあります。しかし、それらはあくまでも投資の一部であって、すべてではありません。特に、マネープランなしでハイリスク投資を資産形成に組み込むことは絶対にオススメしません。

残念ながら、人が自然に貯金できるようになることなどありません。なぜかというと、「貯金をする」という行為自体が、自然なことではないからです。

以下で、説明しましょう。

人類が類人猿と分岐したのは、いまから600万〜1300万年前と、諸説あります。かつての人類は、主に狩猟でその日の糧を得ており、取った獲物は、その場で消費するのを基本としてきました。

そうした生活を一変させたのが、「種もみを食べずに、来年の農耕用に取っておく」という行為でした。人類は、歴史をさかのぼること約1万〜1万2000年前に、農耕を始めたといわれます。言い換えれば人間は、「食べ物を取っておく＝貯蓄する」ことを覚えたのです。

生物の中には、捕獲したエサを蓄えておく種もいます。しかし、それは多くの場合、習性にしたがって行動しているに過ぎません。

一方、人間は未来を想像することができます。

貯蓄は、人間が生まれつき持っている性質ではありません。学習し、身につけるべき性質なのです。

つまり、貯金できる人とできない人の差とは〝学習の差〟です。

貯金ができる人は、何かをキッカケに「いま、欲しいモノを手に入れるよりは、このお金を将来のために取っておいたほうが、後でより大きな見返りがある」と気づいた結果、貯金体質へと変化を遂げたわけです。

要は、貯金できる人とできない人の違いは〝考え方〟です。貯金ができない人は、貯金ができる思考法をしていない、ということです。

それは逆に言うと、貯金ができない人は、貯金ができる思考法に切り替えられれば、貯金ができるようになる、ということでもあります。

ここまでの説明で、なぜ自分の希望通りの行動ができないのかが、明らかになったのではないかと思います。

行動を変えるためには、思考を切り替え、いまに目を向けなくてはいけません。いま、立っているこの場からしか、変えることができないからです。

第2章では、未来型の思考ができるようになるための知識をお話ししていきます。

まず、お金を意図的に貯めていくためには、計画（プラン）が必要です。そこで、必要になるのが〝マネープラン〟です。

散財しがちな人は、ご自身のマネープランを持っていないことが、大きな要因となっています。

マネープランを簡単に説明すると、

1　現在の「収入」「支出」「資産」「負債」の把握
2　延長線上にある将来の資金を予測
3　必要となる老後資金を予測
4　将来の資産状況と老後資金の差を把握
5　差を埋めるための手段を構築する

以上の順番で進めていきます。マネープランの具体的な作成方法に関しましては、第3章以降で詳しく解説します。

マネープランによって、お金の使い道や配分を決めることで、安心して、ムリなくゴールを目指すことができるようになります。

20年後の年金の受給は85歳開始に？

実のところ、マネープラン自体はずいぶん昔からありました。しかしインターネットなどで、その言葉をよく見かけるようになったのは、最近のことではないかと思います。

なぜいまになって、マネープランが注目されるようになったのかというと、「以前はほとんど必要なかったから」です。

日本は、戦後の復興期を経て、「奇跡の成長」と呼ばれる好景気が続きました。その終焉を告げるかのように、バブル経済という〝あだ花〟が大輪の花を咲かせました。

最盛期には、日経平均株価は4万円に迫り、地価も跳ね上がって、計算上では東京の土地価格でアメリカ全土が買えるほどの高騰ぶりを見せた、と言います（日経新聞電子版、2013年1月14日「バブル景気とは何だったのか」）。

当時のサラリーマンは〝安定の象徴〟とされていて、会社に就職して数年後にローンでマイホームを購入し、しばらくしてそれを売れば、一財産つくることが可能でした。

あの時は、サラリーマンさえやっていれば「定年退職後は数千万円単位の退職金をもらい、年金受給で悠々自適な老後を過ごすことができる」とされていたのです。

このような時代を生きた人たちにとっては、マネープランは不要だったでしょう。なんせ、その頃は郵便貯金の定期預金でさえ6～8％の利子が付いていたのですから。

つまり、資産運用や資金の活用方法などを自ら考えるまでもなく、定期預金さえしていれば、お金が増えていったわけです。

しかしながら、そのような時代は、とうの昔に過去のものになってしまいました。

いまの日本社会は、制度的にいろいろな歪みが表面化してきています。中でも、私たちにとって、もっとも痛いのが「公的年金をアテにできなくなったこと」です。

年金をアテにできなくなった要因の1つは、〝支給開始年齢の引き上げ〟です。

もともと、厚生年金制度の年金支給開始年齢は55歳でした。それが60歳に引き上げられた（最初は男性のみ）のは、1954年に施行された新厚生年金保険法によってです。この時、厚生年金は報酬比例部分（上乗せ部分）と定額部分（基礎部分）とに分けられました。

その後も、年金制度はたびたび改正され、徐々に支給開始年齢の後ろ倒しが行われます。男女とも「65歳支給開始」が決定事項となったのは、1994年の改正時でした。

ちなみに、国民年金のほうは、設立（1961年）当初から65歳支給開始に設定されています。ただし、現状では60～70歳の間での選択が可能となっており、65歳より前に年金を受け取る場合は、支給額が減額されます。

実を言うと、1980年の時点で、厚生年金でもすでに65歳支給開始案が浮上してはいました。しかし反対が多くて、なかなか受け入れられませんでした。

それから14年後にようやく法案が通り、実際に65歳への引き上げが完了するのは、なんと最初の提案から50年も先（２０３０年）のことです。


ところが近年になって、社会制度の変化スピードが加速してきています。

たとえば、高年齢者雇用安定法の改正によって、企業が従業員の雇用を65歳まで延長することが義務化されたのは、２０１３年のことでした。

けれども、それからわずか5年後の２０１８年9月には、政府から「希望者が70歳まで働けるよう環境整備を始めていく」旨が発表されました。

また２０１９年1月には、厚生労働省が「公的年金の受給開始年齢を75歳まで繰下げられるようにする」検討に入ったことが、明らかになっています。

厚生年金の支給開始年齢の５歳引き上げに50年をかけたのに比べると、10倍ものスピードで進んでいるのです。


こうした政策が矢継ぎ早に打ち出されるようになった背景には、少子高齢化による労働人口の大幅な減少や、高齢人材の活用といったテーマが、差し迫った課題になってきているからに他なりません。

国は企業に働きかけ、65歳まで雇用延長をしてもらう一方で、年金の支給開始のスタンダードを65歳からにすべく動いてきました。そこにようやく見通しがついたと思ったら、今度は企業に70歳まで雇用延長することを努力義務にしました。

このままのペースでいけば、私たちが老年に入るころには、「85歳年金受給開始が現実味を帯びている」可能性があります。

もしそうなった場合、私たちは85歳まで働き続けなければならないのでしょうか？

年金制度は崩壊しない。ただし……

かつての日本では、基本的には「終身雇用制」「退職金制度」「手厚い年金」などなど、世の中のインフラに乗っていれば、マネープランは必要ありませんでした。しかし、こうした社会保障モデルは、経済が成長していくことを前提につくられたものです。時代の移り変わりとともに、いま、これらの制度は限界を迎えています。

世間では、「進む少子高齢化によって、やがて社会保障費が負担しきれなくなるほどに膨れ上がる」、といった悲観的な論調もまことしやかに流れています。中には、「このままいくと年金制度が崩壊し、自分たちが老年になる頃には、年金がもらえなくなるのではないか?」という〝払い損〟のウワサまで出ています。

そのせいか、最近は国民年金保険料の未払いが増えている、というニュースも耳にします。

厚生労働省年金局の「平成29年度の国民年金の加入・保険料納付状況について」によると、２０１６年度の国民年金の納付率は71・５％で、対前年１・６ポイントの減少となっています。同年度末時点の加入者６７３１万人中、未納者は１５７万人に上っている、ということです。

現在は学生の方であっても、日本に居住している20歳以上の人であれば、国民年金に強制加入となり、支払い義務が発生します（一部の人を除く、納付猶予制度あり）。保険料を納めていないと、万一の際に、遺族年金や障害年金などといった保険金が下りなくなる可能性があります。

保険料の支払いが難しい時は、申請すれば免除制度もありますので、くれぐれも世間の風評に惑わされないよう、十分ご注意ください。

では、そろそろ結論をお伝えしますと、公的年金制度は崩壊しません。もし、そんなことになれば、世の中が大パニックになることは、火を見るよりも明らかです。

世界第3位の経済大国である日本で、そのようなことが起きれば、世界経済にも甚大な被害がおよぶでしょう。

これだけグローバル化が進んだ世の中で、日本の問題は、日本だけで収まる話ではないのです。

だったら、国はどうするのかというと、すでに答えは出ています。

「制度の延命」です。

私たちが働く期間を延長する、ということは、そこから社会保険料を給与天引きできる、ということを意味します。国民が長く働いてくれれば、保険料を支払い続けてくれる上に、年金の支給は先送りできます。

このように、国は保険料の支払い対象者を増やして、年金の支給対象者を減らそうと努力しています。「入りを増やして」「出を少なく」すれば、制度は維持できます。

あれ？　これって、どこかで見たことがありますよね？

そうです。第1章で、「貯金をする＝お金を残す」ためにすべきこととして挙げた、

収入＞支出

を国も実行しているのです。

実際には、ここに（個人と同様に）資産運用という概念が入ってきますが。

こうした国の施策のうち、私たちにとって、もっとも影響が大きいのが「ゴールが動く」ということです。

ゴールとは、ここではサラリーマンの定年退職を指していますが、かつての定年は、長い間、60歳に固定されていました。それが、ここへきて65歳に延長され、さらに「65歳→70歳→75歳……」となることは、容易に予想できる未来です。

これは特に「あと数年、頑張れば年金がもらえる」と思っていた人たちにとっては、かなりショックが大きいでしょう。

経過措置もあるとはいえ、どんどん支給開始が後ろ倒しになっていく様子を目の当たりにすることは、退職が近い人ほど心細くなるに違いありません。

それは、たとえて言うと「42・195キロを走り抜くぞ」と思っていたマラソンランナーが、走っている途中でいきなり「ゴールは50キロに変更になりました」と告知されるようなものです。

そんなことをされれば、ペース配分や力の加減などを考えていたランナーは、あまりのことに拍子抜けするのではないでしょうか。

国も、少しでも制度を延命させるために必死です。ということは、〝ゴールが遠のく現象〟は、今後も続きます。

年金の支給開始が後ろ倒しになっても、私たちが働ける年数には限りがあります。下手をしたら、働けなくなってから年金が支給されるまで、10年、15年と待たされるかもしれません。

このような時のために、存在するのがマネープランなのです。

人はいつか、働けなくなる日がやってくる

この項では、老後設計をしていく際に、外せない前提条件についてお話しすることにしましょう。

先に、巷で言われている老後設計のポイントをまとめてみます。

・公的年金は65歳支給開始、夫婦で月に約22～24万円の年金が支給されると予測
・65歳で定年し、平均寿命が約85歳として、20年分の生活資金を準備する
・一般に、「夫婦２人の生活費が月に25万円。余裕分を含めて、必要資金から年金を差し引いた、不足分の生活費をどのように準備するか？」という主張が多い
・公的年金が現状のペースでもらえることが設計の前提になっている
・基本的には、預金と退職金を取り崩す想定で、生活設計を考えている

これが、世間一般で言われている老後設計です。

しかし、これらを前提に老後設計をしていくことは、個人的にはかなり危険なのではないかと考えます。

まず、すでにお話しした通り、現在60歳以下の方は、65歳で年金が支給される想定でマネープランを立てることは危険です。

国が制度を維持するために、支給額の引き下げをすることは、十分あり得ます。容易に保険料収入が増えない状況の中では、少ない金額をみんなで分け合うしかありません。

続いて生活費について、世間では「老後は生活費が下がる」という論調が多いように思います。それは「子供が自立し、教育費がかからなくなる」「住宅ローンを払い終わっている」などが根拠になっているのでしょう。

しかし、基本的には、いまの生活水準をベースに老後資金を設計するのが無難です。でなければ、歳をとってから、質を落とした生活を強いられることになります。

男女の平均寿命と健康寿命

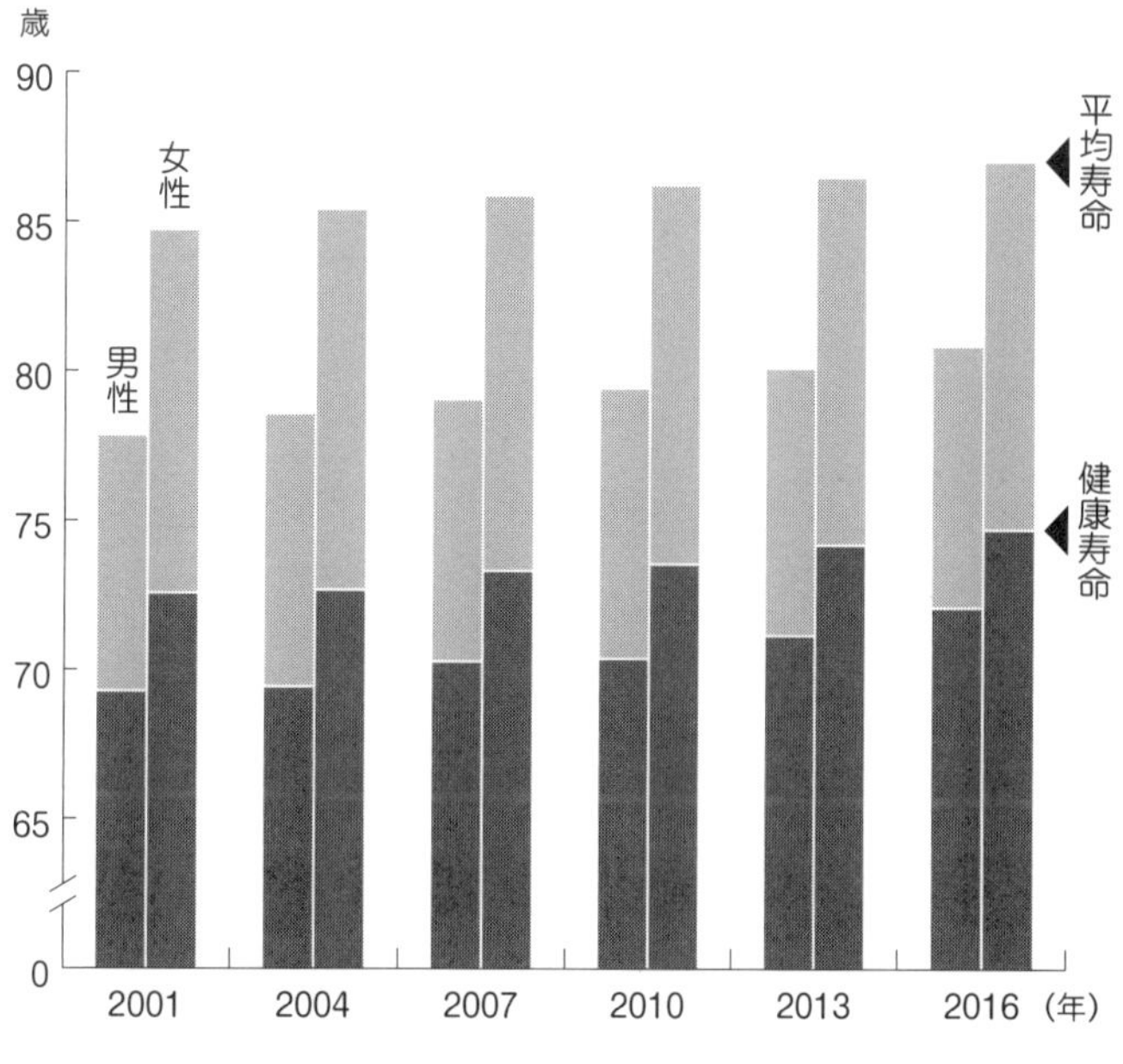

(注) 厚生労働省の資料を基に作成

それでは、老後設計をする際に外せない2つの前提条件を挙げましょう。

その1つ目は、「自分の寿命は自分で決めることができない」ということです。

万一、85歳までしか生活資金を用意していないのに、90歳まで生きた場合はどうなるのでしょう?

前提条件の2つ目は、「通常の寿命と健康寿命の間には、約10年の開きがある」ということです。

健康寿命とは、2000年にWHO(世界保健機関)が提唱した概念です。「健康上の問題で日常生活が制限されることなく生活できる期間」と定義されています。

現在では、人が高齢などのために自力で生活できなくなってから、最期の時を迎えるまでに、10年ほどの期間があるとされています(前ページの図参照)。

こうした現実を目の当たりにすると、怖くなってしまうかもしれませんが、心配することはありません。

私たちが考える老後戦略とは、

1　いつ引退するのかを自分が決める
2　自分の資産を枯渇させずに生活していける仕組みをつくる

の2点です。

老後という言葉の解釈は人それぞれですが、本書では「労働収入が途絶える時」と定義します。

最初に老後を決めるワケは、そうしないと、寿命を迎えるまでの期間がわからず、したがって、いくら資金を用意しなければならないのかも決められないからです。通常、サラリーマンであれば、定年退職が「引退＝老後」に相当するでしょう。

定年退職以外で、自分で老後を決める方法としては、たとえば「早期リタイヤをする」ことが挙げられます。

早期リタイヤに憧れている人は多いと思いますが、見方によっては、これは老後を早める行為です。労働をやめる期間が早まるとなれば、その分、短い時間で多くのお金を用意しなければならなくなり、現在の負担も大きくなります。

自分で老後を決めるもう1つの方法が、「ハイブリッド・クワドラントを行うこと」、つまり他の収入源を持つことです。

自営業者やビジネスオーナー、投資家とのハイブリッドを行うことで、それぞれが相乗効果をもたらし、引退時期の自由度は高まります。

80や90歳になっても労働で収入を得よう、という人は少数派だとは思いますが、これらのことを考慮しながら、極力、現実的に老後設計を行っていきます。

資産形成の方程式、(収入ー支出)+(資産×利回り)はもう古い?

次は、「自分の資産を切り崩さずに生活していける仕組みづくり」です。その仕組みとは、「老後は投資などによる運用益だけで生活できるようにする」、というものです。

投資による資産運用の重要性を説いたものに、橘玲氏のベストセラー『お金持ちになれる黄金の羽の拾い方2015　知的人生設計のすすめ』(橘玲著、幻冬舎、2014年)があります。

この中に、「世界にひとつしかないお金持ちの方程式」と題して、次の計算式が紹介されています。

（収入－支出）＋（資産×運用利回り）

この方程式は現在、広く流布しているところからして、その有用性が証明されていると思います。

もっとも、「資産×運用利回り＝お金持ちになる方法」はその通りなのですが、これを突き詰めていくと、不必要なリスクまで取ってしまう危険性があります。

あなたも、どこかで「リスクとリターンは釣り合っている」という話を聞いたことがあるのではないでしょうか。要は、リターンが高くなれば、それだけリスクも高まる、という意味です。

経済が上り調子の時であれば、「資産×運用利回り」発想でも問題ありませんでした。定期預金ですら高い利率がついた時代でしたので、危険な橋を渡らなくても済んだからです。

利回りの最大化を追い求めていると、引くべきタイミングを見誤ることがあります。損失を被ると、それを取り返そうとして、有り金がなくなるまで賭け続けることになります。

事例として、世界三大投資家のウォーレン・バフェット氏にご登場いただきましょう。

バフェット氏は、もともと数字に強く、ＩＱも高い方です。それが高じて10代の頃、競馬の予想を立てて、それを新聞にして競馬場で販売していたことがあります。氏は、競馬の予測精度を高めようと観察を続けているうちに、１レースで帰る人がほぼいないことに気づきました。

しかも驚いたことに、ジョッキーの服装の色で賭ける馬を選ぶ人や、誕生日の数字に賭ける人もいました。自分のお金を賭ける先を、多くの人が適当に決めていたのです（『スノーボール ウォーレン・バフェット伝（改訂新版）』アリス・シュローダー著、日本経済新聞出版社、２０１４年）。

これは娯楽の話とはいえ、ある種の真実を映し出しているように思います。

せっかく勝っても、惰性でお金がなくなるまで賭け続けてしまうのは、「いくらまでやめよう」「何ゲームでやめよう」といったプランがないからです。

「このままいけば、もっと勝てるのでは」と考えてしまうのは、最大化発想だからです。最大限の利益を追求し、失敗する危険性に目を向けていません。

話を戻しますと、老後戦略とは、人生設計の集大成とも言えるものです。

特に老後資金は、労働収入がなくなった後に使うものですから、安定的な運用を目指さなくてはなりません。

ですから、一般の人に必要なのは〝最大化〟ではなく〝最適化〟です。

自分にとって最適なリスクを取るためには、マネープランで必要金額を見積もり、不足が出た場合に、それに見合った必要最低限のリスクを取って資金を運用する。

これが、最適化です。

本書では、「老後資金として準備すべきなのは、年間必要金額の25倍。税引き後で老後も年利4％の運用をしながら生計を立てていく」ことを1つの目安にすることを提案します。

４％を「高い」と見るか？「低い」と見るか？

それでは、「老後資金として準備すべきなのは、年間必要金額の25倍。税引後で年利４％程度の運用を目指していく」ことについて、もう少し詳しく見ていくことにしましょう。

最初に「年間必要金額の25倍を用意する」に関してですが、これであれば、老後を65歳と決めた場合は90歳まで、70歳と決めた場合は95歳までの資金を用意することになります。

とはいえ、前の項で「寿命は自分では決められない」とお話ししましたよね？　もしかしたら、私たちは95歳以上生きることになるかもしれません。

２０１６年に刊行され、大反響を巻き起こした『ライフシフト　ＬＩＦＥ　ＳＨＩ

FT　100年時代の人生戦略』（リンダ・グラットン他著、東洋経済新報社、2016年）によると、「日本で2007年以降に生まれた人の半数が、107歳より長く生きると予想されている」、とあります。

95歳以上生きることになっても、経済的な不安がないようにするための方法が、老後も「保険年金商品のような元本割れリスクがない商品で、年利4％程度を目指した運用をしていく」ことなのです。

私は、これを〝コップの水〟にたとえて、こう説明しています。

水はお金のたとえであり、コップの水とは、貯金のことを指しています。コップの中の水は、飲んでしまえば当然、なくなります。

現役時代の間は、労働収入によって毎月、蛇口から〝給料〟という名の水が、コップに継ぎ足されます。

問題は、労働収入が途絶えた時です。蛇口から水が注がれなければ、コップの中はやがて干上がってしまいます。

巷で言われている老後戦略とは、基本的に、いかにこの「コップの中の水を減らさないか？」ということに焦点が向けられています。

しかし、どんなに飲む量を少なくしても、足さない限り、水はいずれ尽きます。尽きないようにするには、別の手立てを考えなくてはなりません。

労働収入以外の、別の蛇口をつくる方法の1つが、「運用益によってお金を殖やす」ことです。〝投資〟というクワドラントの蛇口から、運用益という水が注がれ、それで殖えた分だけを飲むようにすれば、コップの水は減りません。

これが、人生100年時代を生きる私たちが持つべき老後戦略なのです。

ところで、本書が目安としている「年利4％」についてですが、あなたは、この数字をどう思われますか？　4％を「高い」と思うか、「低い」と思うか、「妥当だ」と思うか？

では、回答を見てみましょう。

【回答1】「4％は高すぎでしょ？　銀行の定期預金が0・01％なのに」と思った人

↓こう答えた方は、健全な感覚をお持ちの方です。これまで〝火傷〟をしたことがない慎重派であることが多く、逆に、資産は銀行預金が中心の方が多いのも特徴です。

【回答2】「4%なんて低すぎます。そんなリターンはとるに足りません」と思った人

↓投資と投機の線引きがあやふやだったり、短期トレンドのボラティリティ（価格の上下）の波にのまれて、火傷をしたりする可能性があります。このタイプの方が、勝ちに乗じてしまうと、先の項でお話しした「負けるまで賭け続ける」ドツボにはまってしまう可能性がありますので、注意が必要です。

【回答3】「4%であれば、安定運用の範囲ではないか」と思った人

↓4%を妥当だ、と感じた方は、現時点での世界の相場観を知っている、もしくは、国内の外国株式や不動産などの積極的な投資と混ぜてとらえている、つまり投資について、ある程度の経験を有している人でしょう。

現状、国内の低リスク商品の場合、実質利回りの相場はおおむね1%未満ですが、

世界に目を向けて見ると、確定利回りの税引き後の運用商品で利回り4％くらいが目標にできるラインではないでしょうか。

現役時代の〝攻めるステージ〟の方であれば、多少の価格上下動のリスクをとって然るべきタイミングですが、老後に関しては安定運用を心がけるべきです。とはいえ、巷の老後戦略のようにコップの水だけをチビチビ飲む必要もないのです。

マインドコントロールは、〝あるもの〟を利用すれば難しくない

「仕組み」と聞くと、なんだか難しそうに聞こえるかもしれませんが、現実はとてもシンプルです。

お金を貯める仕組みとは、基本は強制的にお金を取り分けてしまうことです。有名なものですと、本多静六氏の「月給の4分の1天引き法」があります。

本田氏は、江戸末期の貧農として生まれ、苦学の末に東大教授になられた方です。苦しい家計の中にあって、給料の4分の1を強制的に貯金し、それを元手に投資を行い、ついには巨万の富を得ました。

実際、お金を貯めること自体は、そんなに難しくはありません。難しいのは、マインドコントロールです。

多くの方が、私がマネースクールを運営していると聞いて、こう言います。

「面倒なことは抜きにして、やり方だけ教えてください」と。

確かに、投資に関して、お金持ちが投資をしようが、私たち一般人が投資をしようが、同じタイミングで同じ条件の投資商品に同じ金額を投資すれば、理論上は同じ結果が返ってきます。

しかも、お金を投じるだけですので、特別な技術も不要です。

だったら、どうして大多数の人は、投資で成功できないのでしょうか？

実は投資とは、お金を投じる前の段階で、ほぼ成否が決まっています。

結論をお伝えすると、投資も、貯金も、どちらもやり方自体はすでにわかっているのです。

「でも、仕組みさえあれば、マインドコントロールできなくても、貯金できるかもしれない」とあなたは思ったかもしれません。だったら1つ、事例をお話ししましょう。

以前、「どうしても貯金ができない」、という方がいました。仮にその人を、Cさんとしましょう。Cさんは、年収が2000万円以上あります。

Cさんの職業は医師。医師は、職に就くまでの修業期間が長い上に、激務です。そうしたストレスが重なって、どこかにはけ口を求めてしまうのかもしれません。

我々は一計を案じ、Cさんが貯金できる仕組みを強制的につくろうと試みました。ご本人に、定期預金に申し込んでいただいたのです。

しかし後日、Cさんが自分で定期預金を解約していたことを知って、愕然としました。毎月150万円以上の収入があるのに、30万円の貯金ができなかったのです。

この事例をご覧になれば、ただ単に仕組みだけあっても、結局、使いこなせないことがご理解いただけるでしょう。

大事なのは、「なぜ貯金をするのか？」「何のために貯金が必要なのか？」を自分で納得していることです。

もしかすると、あなたは「私だって貯金が必要なことくらいは知っています。でも、わかっているのに、つい使ってしまうんです」と思ったかもしれません。

本当は貯金したいのに、気づけば使ってしまっているのは、第2章のはじめでお話ししたように、人間がもともと「獲物をその場で消費することを行動の基本としていた」からです。

貯蓄は、人間本来の性質ではありません。だから、自分が本当に心から望んでいることでなければ、続けられないのです。

では、どうしたら貯金ができるマインドになれるのでしょうか。

それは、自分の「欲」と「恐怖」を利用することです。

特に、人は恐怖には数倍、敏感だと言われています。もし、心底から恐怖を感じたならば、それが行動するための原動力となります。

たとえば、私はビジネスの講座も開講しているのですが、参加される方には、最初にご自身の欲と恐怖に向き合っていただくようにしています。

ビジネスを立ち上げる時には、多くの困難に直面します。そうなっても挫折しないように、最初に自分の欲と恐怖を書き出すワークをしてもらい、定期的に見返すようにしてもらうのです。

自分の中の欲と恐怖がボンヤリしているうちは、「なぜ、これをするのか？」という目的がはっきりしません。それを書き出すことで、自分の願望や、避けたいものが明確になってきます。

目的が決まれば、自分の中に行動する際の〝基準〟ができます。

ちなみに、欲と恐怖のワークとは、ご自身が何に「欲」と「恐怖」を感じているのかを、5W1Hを考えながら、枯れるまで書き連ねるというものです。

よかったら、あなたも1度、時間をとって欲と恐怖のワークをやってみてはいかがでしょうか。思いがけない発見があるかもしれません。

「増やす」よりも、まずは「減らさない」

たとえサラリーマンの年収が頭打ちであっても、支出は減るどころが、増える一方ではないでしょうか。たとえば、マイホーム費用や子供の教育費、増税やインフレによる物価高などなど……支出が増える要因はさまざまです。

そうした支出を補おうと、現在、多くの人が考えているのが〝副業〟です。

いま、世の中では急速に、副業容認の動きが広がっています。

2019年4月以降、働き方改革関連法が順次施行していきますが、なんといっても改革の目玉は「残業規制」でしょう。

残業規制という時代の流れにより、これまで残業代をアテにした生活を送っていた人たちの収入が減っています。

残業がなくなり、生活が苦しくなったサラリーマンの多くが、考えることと言えば……空いた時間を使って、夜間のアルバイトなどを始めることです。

こうなると、せっかくの働き方改革も、「残業が夜間のアルバイトに取って代わるだけ」で終わる可能性があるわけです。

多くの人が、残業代を補てんしようとして、本業とは別の会社にアルバイトとして雇われることで労働時間を増やしたり、手当たり次第に投資することで、なんとか新たなお金を手に入れようと急な舵取りをしがちです。

けれど、本書をここまでお読みになったあなたには、その行動が間違いであることは、すでにおわかりのことと思います。

あなたがすべきことは、本業を下回る時間単価で時間を切り売りすることでもなければ、やぶから棒に投資をはじめることでもありません。そのような行動に出ることは、あたかも出血している自分の腕を見て、「大変だ。血がたくさん流れているから、お肉を食べて栄養を補給しよう」と言っているようなものです。

自分の腕が出血していれば先にその血を止めるように、お金も、まずは自分の懐から流れ出ているものを止めることが先決なのです。

具体的な方法に関しては、第3章に譲るとして、ここでは「貯金体質に生まれ変わるための、基本的な考え方」についてお話ししましょう。

とりわけ、サラリーマンがすぐに収入を増やすのは困難です。良くも悪くも収入が毎月ほぼ一定しているのが一般的です。収入は、自分ではコントロールできないのに対して、振り込まれた後の給料は100％自分でコントロールすることができます。

支出を減らすポイントは、「何に使っているか分からない」部分を明らかにし、「満足度を下げずに置き換えができる」ものに置き換えることが基本戦略となります。

ここで、事例を見てみましょう。マネースクールの受講生であるDさんの事例です。

Dさんは、サラリーマンのご主人と子供の3人家族です。世帯年収は約600万円。Dさんも、パート勤めで家計を支えています。入会したのは、私立に通う子供の学費にお金がかかり、ほぼ貯金ができていないからでした。

ファイナンシャルプランナー（ＦＰ）が家計診断を行い、まずは生命保険と通信費を切り替えるように指導したところ、いきなりつまずいてしまいます。「家事とパートで忙しくて、切り替えに行く時間がない」と言うのです。

本心としては、マネープラン作成を行う事に対して、ご主人の理解が得られていない状況で、腰を上げづらいという事情もありました。

そこで、ご主人にも同席いただき、家族で子供の将来の学費・自分たちの老後に必要な資金・家計改善の必要性についてご理解いただいたことで、協力体制も得られ、ご主人もＤさんに家計を一任することに同意しました。

まずは保険・通信費の見直しを行い、月５万円という、パートの収入に近い金額の削減を行うことができました。

満足度を下げずに支出の削減を行えたＤさんは、ＦＰに紹介された家計簿アプリの記録の習慣化に取り組む中で、惰性で使っているお金が多いことに気がつきました。

何か削減できるものはないかと考えるようになったＤさんは、あまり読んでいない雑誌や、溜まっている通信教育の解約、飲んでいるコーヒーの銘柄を変更したり、食品をお買い得パックにしたりと、小さな工夫を始めました。

外食を減らし、ご主人と子供にはお弁当をつくるなどの努力を続けた結果、Dさんは月に10万円近くの経費削減に成功したのです。

削減できたお金を、年に1回の家族での海外旅行に充てたり、子供が中学に上がる際にも、私立など学校の選択肢を増やすことができたり、無理なく満足度を上げる取り組みを行えているようです。

今では「学費が1万円増えた。じゃあ、代わりに何を減らそうか?」という〝引き算思考〟が身に付いた、と言います。

Dさんが、こうして徐々に貯金体質に生まれ変わることができたのは、「このままでは、老後資金が用意できない」という危機感からでした。「一人っ子の子供に、自分たち夫婦の老後を背負わせるわけにはいかない」という思いもあったようです。

ただ単に、増えていく経費を上乗せしていくだけでは、貯金をするどころか、現状維持すら難しくなります。何よりも、今あるお金を減らさないことが大切なのです。

これが、資産を増やしていくためのベースとなる考え方です。収入を増やす方法を考えるのは、その後の話なのです。

情報に踊らされないコツって何？

いまのこの情報過多の世の中で、「どれが正しい情報なのか？」を見分けるのは、簡単なことではありません。

情報を見分ける方法については、この前の項でお話しした「増やすよりも減らさない」話に通じるものがあると思います。

つまり、まずは「何が正しいか？」よりも、「何が正しくないか？」を知ることが先決だ、ということ。「足す前に引く」発想です。

たくさんある情報の中から、いきなり〝当たり〟を引こうとするよりは、先にダメなものを除外することで、より当たりを引く可能性が高まる、ということです。

未来型思考の人は、「自分の判断軸をつくろう」と考えます。1度、自分の中に判断軸をつくってしまえば、その後は応用が利くからです。

事例をお話ししましょう。世界三大投資家の1人、ジム・ロジャーズ氏の例です。

どんな人でも、最初は初心者です。ロジャーズ氏と投資との出会いは、大学生時代に投資会社でアルバイトをしたことがキッカケでした。その後、ウォール街で、同じく世界三大投資家の1人であるジョージ・ソロス氏と組んで、大成功を収めました。

そんなロジャーズ氏も、新人時代は先輩たちが言っていることを真に受けて、手痛い目に遭った、と言います。

氏は、自著の中で「人から聞いたことはフタを開けてみると誤りだった、という場合がほとんどで、言った側はよく知らなかったり、事実を曲解していた」と述べています（『冒険投資家ジム・ロジャーズのストリート・スマート　市場の英知で時代を読み解く』ジム・ロジャーズ著、SBクリエイティブ、2013年）。

ロジャーズ氏は、同書で「成功するには、とりわけ好奇心の強い人間でなくてはならず、さらに懐疑的な人間でなくてはならない」とも書いています。

たとえ他人から勧められたものであっても、あくまでも「これに投資をする」と最終決断をするのは自分であり、またそれによる結果は、自分が引き受けなければならないからです。

「あの人に言われた通りに投資をしたのに、失敗した」と言うことはできても、損害は自分が負わなくてはなりません。

だから、自分で判断できるようになる必要があります。それが、「自分の中に判断軸を持つ」ということです。

投資で適切なジャッジができる人は、いろいろな比較対象を持っています。

たとえば、過去の失敗といまを比べるとか、検討している投資商品同士を比較するとか、他社商品との比較、地域における比較、国同士の比較、などといった比較対象を持つことで、判断を早めることができ、正確性も上がります。

中でも有効なのが、「相場観を知る」ことです。投資でいうと、日経平均株価とか、アメリカのＳ＆Ｐ５００やダウ工業株30種など、誰でも取得できる数値との比較から始めるといいでしょう。

相場観を知ることで、異常値を感知できるようになります。相場から著しく乖離しているものに関しては、何かがあると考えるべきでしょう。

あまりにも相場より低い利回りの投資は、そもそもやる意味がありません。

逆に、あまりにも高い利回りを謳ったものは、何かしら理由があるはずです。

「なぜ高いのか?」ということに対して、明確な答えが見出せないものに関しては、投資をすべきではない、ということです。


有益な情報を見分けられるようになるコツとは、「これ」と思う分野について、とにかくたくさんの事例にあたることでしょう。

大事なことは、ただ単に「これはダメだった」で済ませるのではなく、「なぜダメなのか?」という、その理由を自分の中で明らかにしておくことです。

そういう意味では、自分の失敗経験は、またとない勉強の機会となります。

多くの人は、失敗を認めたくなくて、なかったものにしようとします。しかしそれでは、失敗を次に活かせません。

再び痛い思いをしたくないからこそ、失敗から学ぶのは大切なことなのです。

第3章

実践！マネープランの作成

マネープラン作成のための3ステップ

ここまで、現在の私たちがおかれている状況や、なぜマネープランが必要なのか、そのために必要な考え方とはどのようなものか、などについてお話ししてきました。

この章では、マネープラン作成にあたっての前提条件のすり合わせ、および、より具体的な3ステップについて解説していきます。


95ページの表をご覧ください。これは、65歳以降30年間の老後の支出と公的年金の収入を対比させた報道資料です。

図中の「金融庁報告書」という箇所にある「2000万円不足と指摘」という部分を目にした多くの人が、「公的年金はこんなに不足するのか！」と驚いたわけです。

65歳以降30年間の支出と年金収入は？

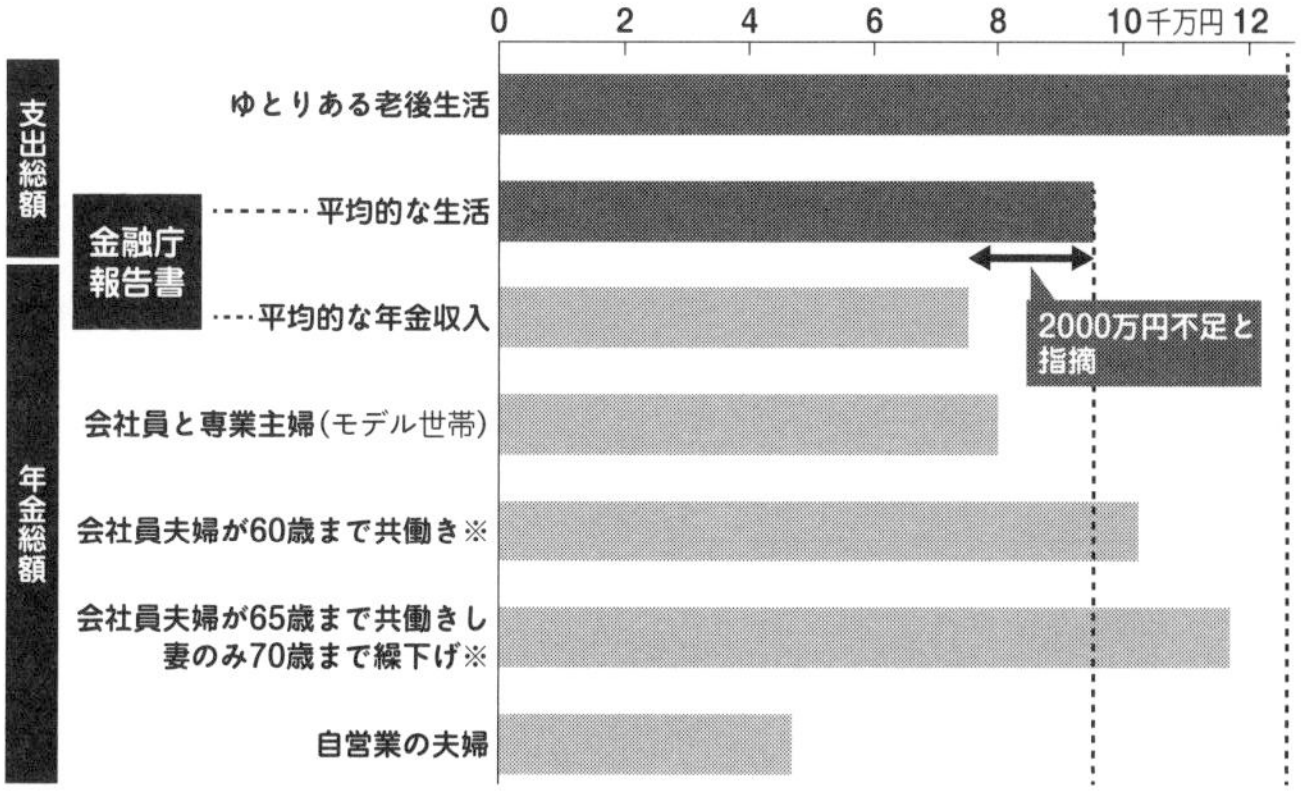

（注）ゆとりある老後生活は生命保険文化センター調べ、報告書は家計調査の高齢無職夫婦のケース。
※は会社員の男女ごとの平気的な収入を基に試算

（出所）日本経済新聞　電子版 2019 年 6 月 19 日付

この手の老後のお金についての報道を読み解く際には、どのような前提があるかに注意が必要となります。この資料においては、以下の3つの前提があります。

①公的年金が今と同じ基準で支給される。
②平均値を元に算出している。
③老後は「取り崩し」することが前提となっている。

このような前提です。本書では、この3つの前提を次のように再定義します。

①支給時期が明確でない公的年金は計算に入れない。
↓あくまでも＋α。年金をあてにせずにとも目標に到達する設計にする。
②老後の目標設定は、自分の意思で決める。
↓定年も年金支給開始に合わせて後ろ倒しになる可能性がある。
③老後も安定運用を続ける。
↓現状では世界基準で元本割れリスクなく年利率4％を目安に。

結局のところ、公的年金がいくら支給されることになっても、老後にいくら必要となるのかは、それぞれの生活感によって異なってきます。

本書を参考にして、ぜひ制度や報道に翻弄されないマネープランを設計していきましょう。

では、いよいよマネープランを作成するための３ステップの話に入っていきます。

《マネープラン作成のための３つのステップ》
第１ステップ：現状把握
第２ステップ：目標設定
第３ステップ：手段選択

最初のステップは、現状把握です。現状を把握するためには、マネーレコーディング（家計簿）が欠かせません。

こう言うと、途端にゲンナリしてしまう人がいるでしょう。そこで、あなたが前向きに取り組めるよう、事例をお話しいたします。

お金持ちについて解説したベストセラー『となりの億万長者　成功を生む7つの法則』（トマス・J・スタンリー他著、早川書房、1997年）から例を挙げてみましょう。

この本の中に、多くの富裕層を顧客に持つ公認会計士のアーサー・ギフォード氏の話が出てきます。

本の著者が、ギフォード氏に対して「あなたの予算・支出計画システムを利用するのはどういう人たちですか？」とインタビューしたところ、氏はこう答えました。「何にいくら使ったかをきちんと知っておきたい、とおっしゃるのは、大きな資産をお持ちのクライアントだけです」と。

公認会計士のギフォード氏には、お金持ちの顧客も、そうでない顧客もいましたが、支出の管理をしているのは、決まってお金持ちだ、というわけです。

この話からも、いかにマネーレコーディングが、自分の資産を築いていく上で重要なのかが、ご理解いただけたのではないでしょうか。

現在は、いろいろな家計簿アプリなども無料で多数出ていますので、ぜひそれらもご活用し、マネーレコーディングに取り組んでいただければと思います。


続いてのステップは、目標設定です。実は、マネースクールにご入会いただいた方の大多数が、「どこを目指せばいいのかわからない」と悩んだ末に、スクールの門を叩かれた人々です。

「リタイヤする際に、一体いくらあればいいのか？」という問題に関しては、ひとまず仮決めでかまいません。むしろマネープランを実行しながら、定期的に修正・改善をしていくことが大切です。


たとえば、老後の生活費を月に30万円と設定し、それを25年分用意する、ということであれば、理論上では９０００万円の元金が必要となります。逆に言うと、これだけの金額を準備しても、使う一方では25年しか持たない、ということです。

ところが、仮に９０００万円を年利４％（以下全て税引後計算）で運用していくと、1年の利回りが360万円になる計算ですから、ちょうど生活費分の金額を運用益だけで補うことが可能、ということです。これであれば、つくった資産を目減りさせることなく、運用益だけで生活できるパターンに当てはまります。

「最後にその9000万円はどうなるのですか?」と聞かれることもありますが、基本的にはそのまま残ります。原資は、予想外のことが起きてしまった時の緩衝材として考えます。

このマネープランでは、年金は計算に入れません。これからマネープランをつくる方は、年金の支給開始が後ろ倒しになる可能性が高いため、支給は＋αとしてカウントします。また、プランニングの試算は保守的な数値でシミュレーションするようにします。

もしかすると、「きゅっ、9000万円?!」と思われた方もいたと思います。実際には、複利で運用を行っていくのが基本になります。天才物理学者アインシュタインが、「人類最大の発明は複利（The most powerful force in the universe is compound interest.）」と言ったエピソードはあまりにも有名ですが、複利にはそれくらい強烈なパワーがあります。

現役時代の増やすステージでは、10年以上のスパンにおいて、我々は保守的に見積もって年利率6〜8％を想定しています。ここでは、仮に中間値である年利率7％で運用するとどれだけの差が生まれるのかを、簡単に比較してみることにします。

現在、30歳のサラリーマンが、月々3・5万円を35年間（元金1470万円）、金利0・02％の銀行の定期預金で積み立てを行った場合、いくらになるでしょうか？答えは、35年後に1473・8万円です。35年間もかけて3・8万円しか増加しないことになります。その期間に銀行に支払う手数料にも負けてしまいそうなくらい微々たる数字です。

一方、同じ条件で年利率7％の積立投資を行った場合、35年後には5921・4万円となり、さらに最初に一括投資として300万円の手持ち資金を投入して初速をつけた場合（元金1770万円）には、9177・6万円になります。

9000万円の老後資金というと、雲をつかむような話に聞こえてしまうかもしれませんが、複利＋長期運用の基本形を視野に入れるだけで、グッと現実味が出てくるのではないでしょうか。

月々3.5万円を35年間積み立てると？

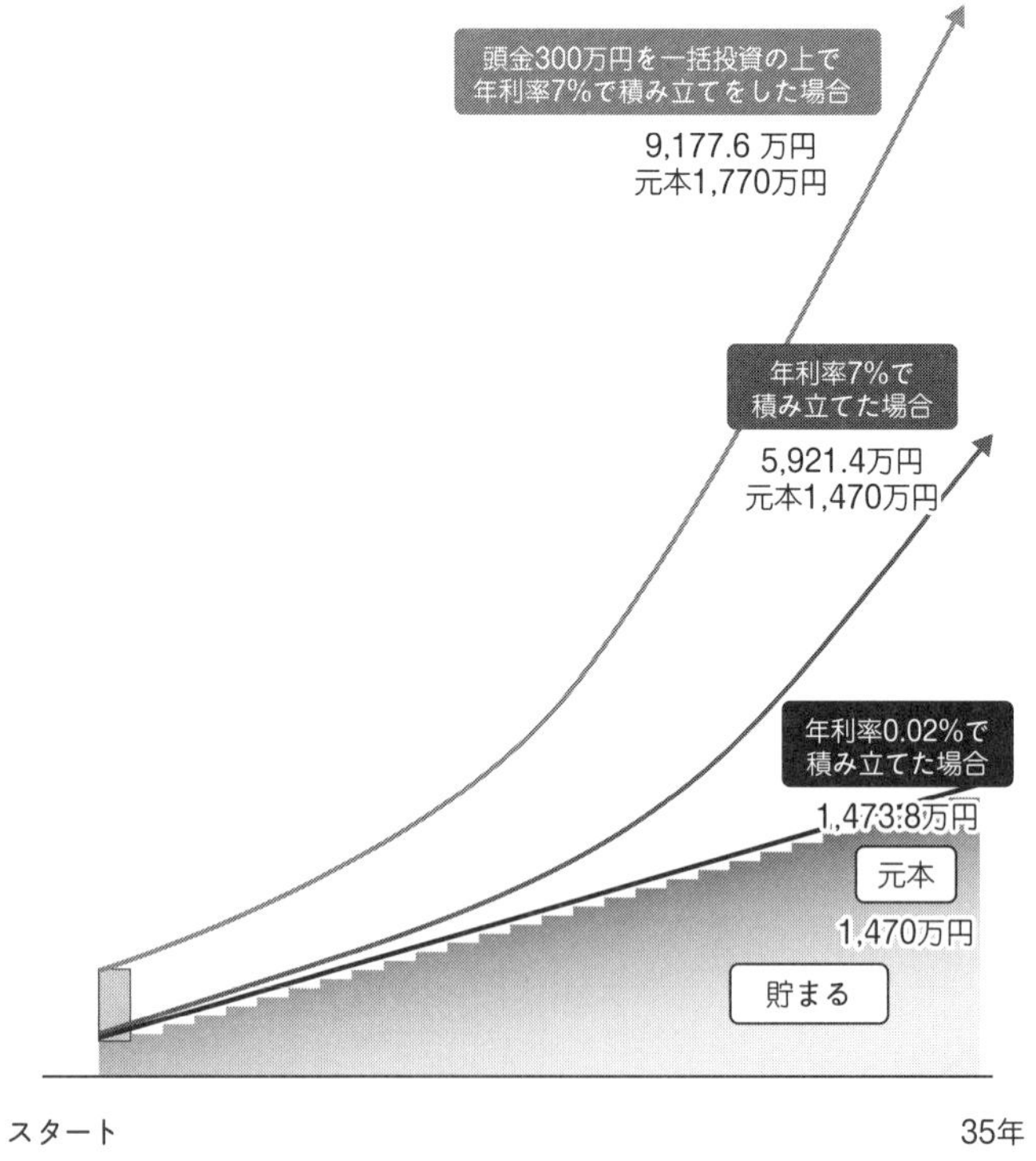

1人ひとり、資産状況や家族構成、今後の見通しなどによって、目指すべき目標は変わります。ファイナンシャルプランナー（FP）にとっては、ここが腕の見せどころです。

後で目標設定のコツも記載しておきますので、参考にしてください。

最後のステップは、手段の選択です。

実際は多くの人が、このステップ3から始めようとして失敗していることは、何度かお伝えしました。

我々がよく受ける質問のダントツ1位は、「どこに投資したらいいですか？」というものです。

しかし、マネープランを第3ステップである手段選択から始めることはできません。

現状把握を行い、そこから将来の収支を概算した結果、「このままだと目標額に到達できない」ということが判明した場合に限り、初めてリスクを取って投資を行うことを検討すべきだからです。

よく「貯金がないから、今月から月に5万円を貯金しよう」と当てずっぽうに決めても続けられず、挫折してしまう人が多いのは、現状把握をせずに、現実的にいくらなら貯金できるのかがわかっていないからです。

いきなりお金を増やそうとして、かえって失う結果になってしまうのは、現状分析もせず、目標も立てていないため、取るべきリスクの大きさがわかっていないからです。

わからないからこそ、「少しでも利回りの高いものを」、となってしまうわけです。

以上の概略で、「マネープランは順番が大事だ」ということがご理解いただけたのではないかと思います。

把握すべきは4＋1（「資産」「負債」「収入」「支出」＋「期間」）

ご自身の資産を適切に管理・運用していくことによって、希望する資産額に近づけていこう、というのがマネープランを作成する目的です。

とはいえ、収支の話になると、「資産」とか「負債」とか、少々取っ付きにくい言葉が並ぶので、苦手意識をお持ちの方も多いでしょう。

こうした言葉に馴染みのない人にとっては、「何が資産で、何が負債なのか？」という疑問も出てくると思いますが、この問いに明確に答えた書籍が、すでにご紹介した『金持ち父さん貧乏父さん』（筑摩書房）でした。

ある時、金持ち父さん（親友マイクの父）が、まだ10代だった著者のロバート・キヨサキ氏に向かって「お金持ちになる秘訣を教えよう」、と言います。

その秘訣とは、「金持ちは資産を手に入れる」「中流以下の人たちは負債を手に入れ、それを資産だと思い込む」……というものでした。

　私が初めてこの本を読んだのは、まだサラリーマンだった時のことです。当時、「資産は、あなたのポケットにお金を入れてくれるもの」「負債は、あなたのポケットからお金を奪っていくもの」という言葉に、衝撃を受けたものでした。

　言葉に関しては、馴れるより他ありません。収支と言っても、難しい公式などは一切、出てきませんので、ご安心いただければと思います。


　では、「現状把握」に入っていきましょう。

　現在の資産状況を知り、そこから将来を予測するためには、「資産」「負債」「収入」「支出」の4項目にプラス「期間」が加わった、5つの項目をチェックしていく必要があります。


　最初は「資産」です。資産と聞いて、真っ先に思い浮かぶものは何でしょうか。現金？　預金？　どちらも正解です。もう少し細かく見ていくと、日本円、米ドルなどの外貨、仮想通貨、株券、投資信託、社債、国債、生命保険、不動産、貴金属などなどです。

現状把握をするにあたり、まずはいま、持っているものの確認から始めます。外貨や仮想通貨、株、投資信託、不動産など、価格が変動しているものに関しては、現在の価値に換算して計算します。

加入されている保険については、内容をチェックし、いつ、どのようなタイミングで、どれだけの保険金が下りるのか、重複している内容のものがないかどうか、今後も続けていく意味があるのか、などをこの機に確認してみるといいでしょう。

次に「負債」です。負債とは、借り入れのことです。たとえば住宅ローンや車のローン、奨学金、クレジットカードの分割払いや、カードローンなどがいくらあるのかを調べます。

この際、ただ単に金額を確認するだけでなく、「金利は何％か？」「総返済額はいくらか？」「いつ終わるのか？」といったことも含めて確認しておくようにします。

続いて「収入」です。サラリーマンの方であれば、通常は給料が収入に当たります。他には、投資による収益や副業による収入、ネットオークションによる収入なども含めます。

自営業者で、ご自身の収入が歩合制で上下幅があるような方は、ボーナスのあるサラリーマンと同様に、年間手取りの12分割で計算します。

その次が「支出」です。支出とは、入ってきたお金の使い道のことです。支出は、マネープランの中でも特に重要な項目となりますので、次項で改めて、詳しくご説明いたします。

最後が「期間」です。この期間には2つあり、1つは「労働収入を得られる期間が、あとどれくらいあるのか?」。もう1つは「老後から寿命が尽きるまで、どれくらいの期間があるのか?」です。すでにお話ししたように、老後とは「労働収入が途絶える時」から始まります。寿命については、「人生100年時代」と言われていますので、とりわけ若い方については、いったん100歳くらいを目処にしておいた方がいいでしょう。

支出の〝ブラックボックス〟を潰す

それでは、現状把握の中でも、１番のポイントである支出についてお話しすることにしたいと思います。通常、ＦＰが家計簿診断を行う際に、主にスポットライトを当てるのが支出です。

支出を見直す大きな目的は２つあり、それは、

１　手残りを増やす
２　手残りを投資の原資にする

ためです。

手残りとは、費用を支払った後の手元に残るお金、という意味で、「収入－支出」のことです。

つまり、1の手残りこそが貯金になります。支出を見直すことで、貯金ができるようになる、というわけです。仮に、1万円の支出削減に成功すれば、それは収入が1万円増えたのと同じ効果をあなたにもたらします。

もちろん、支出の削減には限界があります。だからこそ、ハイブリッド・クワドラントをオススメしているわけです。

では、2の「手残りを投資の原資にする」についてはどうでしょうか。

たとえば給料日前に、銀行の中にまだ5万円が残っていたからといって、「その5万円を運用に回しても問題ないのかどうか？」というのは、支出を継続的にチェックしなければわかりません。

「このお金は、運用に充てても大丈夫だ」と自信を持って言い切れるようになるためには、現状把握が欠かせないのです。

多くの方が「現状把握できていない」、もしくは「現状把握に時間がかかる」のは、支出が〝ブラックボックス〟になっているためです。ブラックボックスとは、「お金を何に使っているのかわからない状態」という意味です。

支出がブラックボックス化してしまう要因はいろいろありますが、その中の１つに「支払い方法の多様化」が挙げられます。

現在、サービス提供会社によって「毎月均等払い」「ボーナス一括払い」「半年や年払いなどのおまとめ払い」「リボルビング払い」などの支払い方法が用意されています。

確かに、おまとめ払いを利用すると少し安くなるので、利用者にとっては嬉しいかもしれません。しかし、先方の勧めるまま、支払い方法をバラバラにしてしまうと、結局、いくら支払っているのか把握できなくなることがあります。

その典型例が生命保険です。保険の販売員に勧められるまま、あれこれ入ってしまい、しかもそれぞれの支払い方法が違うことで、一体、全部でどれだけ生命保険にお金を使っているのかが、わからなくなってしまう方もいます。

世間では、しばしば「将来が不安だから」と、必要以上に生命保険に入っている人を見かけますが、生命保険は「あくまでも必要最低限」が基本です。

日本は他国に比べると、社会保障制度が充実していますので、社会保険に加入しているサラリーマンの方であれば、そこまで心配する必要はありません。

参考までに、ザックリとした目安の数字をお伝えしておくと、30歳独身の方の場合、5000円ほどの生命保険を掛けておけば十分だと思います。

家庭をお持ちの方で、仮に奥さまが専業主婦、子供がゼロ歳で、まだマイホームなどを購入していない（何も残るものがない）世帯であっても、2万円くらい入っていれば問題ないでしょう。もっとも、金額的に見合っていても、契約内容がご自身のニーズと合致していないというケースがあまりにも多く見受けられるのが問題なのですが…。


もう1つ、支出がブラックボックスになりやすいのが、ご夫婦が共働きで、かつ〝お財布が別々〟のパターンです。同一世帯に稼ぎ手が複数いるというのは明らかな強みですが、お互いが出し合っている共通費用以外の部分では、相手がいくら持っていて、何に使っているのかは、お互いに不透明なままです。

世帯の中に稼ぎ手が２人いる、という安心感はあれども、これでは世帯収入がわかりません。しかも生活費を出したことで、「義務は果たした」と思ってしまうのか、２人とも「あればあるだけ使ってしまう」傾向が見られます。


それではどうしたら、これらのブラックボックスを潰すことができるのかというと、マネーレコーディング（家計簿）をすること以上の秘策はありません。

特に、〝お財布が別々〟のご家庭は、なるべくご夫婦のどちらかに家計を集約させるか、少なくとも共同管理にすべきでしょう。

前の章でも1度、事例に挙げた世界三大投資家の１人、ジム・ロジャーズ氏は、書籍の中でこう述べています。

「うちの場合は（お金に関しては）私のほうが詳しいので、私がすべて管理しています。家計管理はお金に一番詳しい人がするのがお金持ちへの近道だと思います」（『世界的な大富豪が人生で大切にしてきたこと60』ジム・ロジャーズ著、プレジデント社、２０１５年）と。

億万長者でさえ、自ら家計を管理している、ということです。

人によって状況は異なりますが、たいていの方は半分くらい把握していて、半分くらいがブラックボックスになっている、というような方がほとんどです。

そういう場合には、マネーレコーディング（家計簿）で見えていないブラックボックスの見える化を進めつつ、すでに見えている部分から改善に着手していきます。

2カ月家計簿をつけると、なすべきことがクリアになる

「支出の改善をするには、マネーレコーディング（家計簿）をしなければならない」と聞くと、それだけで拒否反応を示す方がいそうですが、ずっとやり続けなければいけない、ということではありません。

もちろん、続けるのが一番望ましいことではありますが、マネースクールでは「最低でも2カ月間、家計簿をつけていただく」ことを推奨しています。

2カ月つけることで、数字のばらつきがある程度、見えますし、1カ月よりも2カ月のほうが、その方のお金の使い方がはっきりするからです。

ちなみに、家計簿のつけ方とは、基本的に支出を記録するだけでOK。ただし、年に数回の支出は、年間支払い総額を月割りします。

集計する際も、1円単位までしっかり合わせないといけないわけではありません。

数千円の誤差があっても大丈夫です。

自分で実際に家計簿をつけてみると、必ず何かしらの気づきが生まれます。

たとえ、渋々ながら家計簿をつけるのに同意した方であっても、次の面談でお会いする頃には、明るい表情で「教えていただいてよかったです」「何にお金を使っているのかがわかりました」とおっしゃることもしばしばです。

このようにして気づいたムダ遣いとは、「誘われる飲み会にすべて参加していた」「コンビニに寄り道してしまい、目についたものを購入」「趣味や洋服などへの過度の浪費」といった、多くは惰性で使っている出費です。

1回1回は大した金額でなくても、それが積み重なると、大きな金額になります。たいていは現状把握をするだけで、同時に改善ポイントも見えてきます。FPが何かを言う前に、自分でやるべきことに気づく場合が大半です。

支出のブラックボックスが明るみになってくると、ご自身の負債額がいくらになっているのか、それまで理解していなかったことに気づく方もいらっしゃいます。

「自分の負債額を把握していない」という傾向は、特にカードローンやキャッシングを日常的に使っている人に多く見られます。

そのような方ほど、最初の面談で「キャッシングの総額はいくらですか？　金利は？」と聞いても答えられません。「とりあえず、毎月2万円ずつ返済しています。あと2、3年くらいで返済が終わると思います」といった調子です。

ご本人は、たとえば「50万円を借り入れ、月々2万円を返済しているから、2年くらいで返済が終わるだろう」といった感じで勝手に思い込んでいます。

ところが調べてみると、借り入れ総額が80万円くらいに膨れ上がり、2年で終わるどころか、完済まで5年くらいかかる、ということが判明する場合もあります。

特に、キャッシングリボ払いは、利用者にとって不利なサービスとなっています。

リボ払いは、どんなに使っても支払い額が一定なため、利用者は1度使うと、その便利さにハマってしまうことも少なくありません。

しかし調子に乗って使っていると、支払い金額が同じなので、あっという間に残債が膨れ上がります。リボ払いは「非常に返済しにくい＝損をしやすい」手段です。

最近、テレビでやけにリボ払いを勧めるＣＭが流れていませんか？

カード会社にとっては、リボ払いでお金を貸し続ければ、顧客の〝生き血〟を吸い続けることができる、とっても美味しい仕組みなのです。

万一、カードの返済に追われていて、通常の生活にも支障をきたすような状態になっている方は、早めにＦＰに相談されることをオススメします。

「まだそこまではいっていないが、キャッシングやリボ払いをなんとかしたい」とお考えの方がいれば、繰上げ返済をしていくといいでしょう。

まずは、支出の見直しを行います。

見直しポイントについては、この後の項でお話ししますが、家計簿をつけることで、たいていの方は２～３万円くらいは捻出することが可能です。

「負債の前倒し返済を行うべきか？」についてもよくある質問の１つですが、答えは、その人の状況によって異なります。というのも、借り入れしている金利以上の手段をお持ちなら、繰上げ返済するよりも、負債はそのままのこして運用したほうが利回りの差を取れます。

逆に、他の手段がない方にとっては、繰上げ返済は有効です。マイナス運用をしているのと同じ状況だからです。

これをビジネスに置き換えても同じことが言えます。実際、多くのビジネスが融資を受けて展開していますが、その理由は、ビジネスから生じる利回りが、借入れ金利よりも大きいと考えているから、に他なりません。

これまで、我々は何百人というお金の悩みを持つ方々と面談を行い、家計簿診断をしてきましたが、「支出のブラックボックスが一切なかった」という方は少数派です。

ですからいま、あなたが自分の支出がわかっていなくても、心配することはありません。いまから始めればいいだけです。

記録はいつも〝発生主義〟で、溜めないのがコツ

これまで、マネーレコーディング（家計簿）をつけたことのない方や、途中で挫折した経験をお持ちの方にとって、「家計簿をつけるのは難しい」「根気がいる」というイメージをお持ちなのではないでしょうか。

途中で挫折してしまう人のパターンは主に3つあり、どれかに当てはまるか、もしくは混合タイプのいずれかです。

《家計簿に挫折してしまう人の3つのタイプ》

1　収支を1円単位まで合わせようとする【潔癖症タイプ】

↓この傾向のある方は、「だいたい合っていればいい」くらいの大らかな気持ちで取

り組んでみましょう。先述したように、数千円の誤差ならよしとします。

2　レシートを溜めてしまう【ルーズタイプ】
↓こちらの方は、携帯に家計簿アプリを入れることをオススメします。レシートをもらったり、電車の改札にタッチしたら、すぐに家計簿をつける習慣をつけましょう。

3　仕分けに悩んでしまう【生真面目タイプ】
↓この傾向のある方は、気負わず気楽につけてみましょう。1枚のレシートに複数の仕分け項目が含まれている場合は、どれかにまとめてつけてもOKです。

続けることが負担に感じられるのであれば、前の項でお話しした通り、まずは2カ月、つけることを目標にしてみてください。

家計簿アプリは、どれでも使いやすいものをご利用いただければと思いますが、入力がなるべく簡単なものを選んでください。アプリはレジの前で、ササっと入力できるようなものが望ましいです。

「入力は〝発生〟主義で」というのは、支出が発生した時点で即入力するという意味です。

支払いの中に、年払いなどのものがある場合は、月割りをしていただき、月末などに費用として計上します。仮に、年払いをしている生命保険が年間6万円あるのであれば、月々5000円を計上します。

他には、旅行代、車の車検代、引っ越し費用などに関しても、予算を月割りし、あらかじめ費用計上しておくと安心です。

予算の話に触れましたので、ついでにお話ししておきますと、よくいただく質問の1つに、「通常の支出以外に、万一のための費用として、いくら準備しておけばいいでしょうか？」というのがあります。

すでにお話ししたように、日本の社会保障は比較的手厚いので、社会保険に入っているサラリーマンは、支出の3カ月分がいつでも引き出せる状態にあれば、他はすぐには動かせない資産運用に回しても問題ないというのが目安になります。

たとえば、１カ月に支出が20万円かかっている方であれば、だいたい60万円くらいを、万一の際の費用としてプールしておきます。

自営業の方は、失業保険がありませんので、支出の半年分くらい用意しておいたほうがいいかもしれません。

マネーレコーディングに関しては、「習うより慣れろ」だと思います。

通常であれば、２カ月以上、家計簿をつけたら、今後あなたがもしプロに家計の相談をする機会がある場合にも、すでに材料は揃っているという形になります。

「プロに相談する前に、まずは自力で家計の改善を行いたい」という方に関しましては、この後の項で、改善方法について触れますので、そちらをご覧いただければと思います。

マネープランを作成していくに際して注意点を１つ。収入は年収ではなく、手取り金額で計算するようにしてください。

本当は手取り額でしかお金が入ってこないのに、年収ベースで計算をしている方は、実際の家計が赤字に陥っている可能性があります。そういう方々は、どこで辻褄を合わせているのかというと、ボーナスです。

それでも家計が回っているうちはいいかもしれませんが、やはりお金は計画を立てて使っていくほうが安心です。

仮に年2回、ボーナスが入ってくるのであれば、それも含めた予算を作成します。基本は前年を参考にしながら、少々低めに見積もるといいでしょう。


実は、源泉徴収票から自分の手取り収入を把握できる方法があります。

これであれば、月々の給料にボーナスも含めた金額がわかり、より正確な数字をはじき出すことができます。

まず、源泉徴収票を見ると、「支払金額」という欄があり、それが総支給額に当たります。そこから「社会保険料等」の金額を差し引くと、残りがその年の1年間の手取りになります。

それを12で割れば、1カ月の手取り額が出る、というわけです。

あなたもぜひ、過去の源泉徴収票を取り出して計算してみることをオススメいたします。

実際に、巻末のマネープランシートをダウンロードして、シートに入力してみよう！

ところで、本書にはご購入特典として、巻末にマネースクールで実際に使用しているマネープランシートのダウンロードURLを添付しています。

この項では、そのダウンロードしていただいたシートを一緒に埋めていく作業を行っていくことにしましょう。

早速、見本を見ながらご自身のマネープランシートの作成にチャレンジしてみてください。

ページの都合上、マネープランシートの使い方は、ダウンロード特典に補足説明してあります。また、フォーマットは適宜改善を図っております。

マネープランシート「収入」「資産」「負債」

氏名		年齢	25

①
老後の安心感を得るためには、何歳までにいくらが必要でしょうか？
年齢と目標資産を入力してみましょう。

年齢	65	目標資産	9000	万円

※目安は年間の支出額の25倍

②
月収（手取り）と貯金額を入力してください（ボーナスが出る方は、ボーナス合算／12を足してください）。

月収入	25	万円
配偶者月収	10	万円
合計	35	万円

資産	500	万円
負債	0	万円

マネープランシート「支出」

③
直近1カ月の間に発生した支出の内訳を入力してください。
※旅行、自動車、家電製品等は1年分を12分割してください。

支出合計金額	29.1	万円			
家賃	6.3	万円	趣味	1	万円
水道光熱費	2	万円	美容	1	万円
通信費	1	万円	旅行	5	万円
交通費	0.8	万円	車	2	万円
食費	3	万円	家電	1	万円
交際費	2	万円			万円
新聞・書籍費	0.5	万円			万円
生命保険	2	万円			万円
教育費	1	万円			万円
雑費	0.5	万円			万円
		万円			万円

余剰額	5.9

・支出項目は、自由に追加・削除してください。
・旅行、家電などの年に数回の支出は、「年間合計支出÷12」で入力ください。
・収入と支出を入力すると、把握していない支出（ブラックボックス）があることが見えてきます。
・ブラックボックスの内容を明らかにするために、マネーレコーディング（家計簿付け）が必要になります。
・グレーの部分を入力。

マネープランシート（資産シミュレーション）before

マネープラン実現目標設定　事例1　利率0.02%の定期預金を行った場合

目標年齢	65　歳	利率	0%	老後の生活費	29.1	万円

積立

毎月の積立額	3.5　万	想定利回り	0.02%	積立期間	30 年

一括投資1

開始年数	年	初期投資金額	万	想定利回り	0.00%	投資期間	年

国内貯金

現時点の貯金	500　万	毎月の貯金額	5.9　万

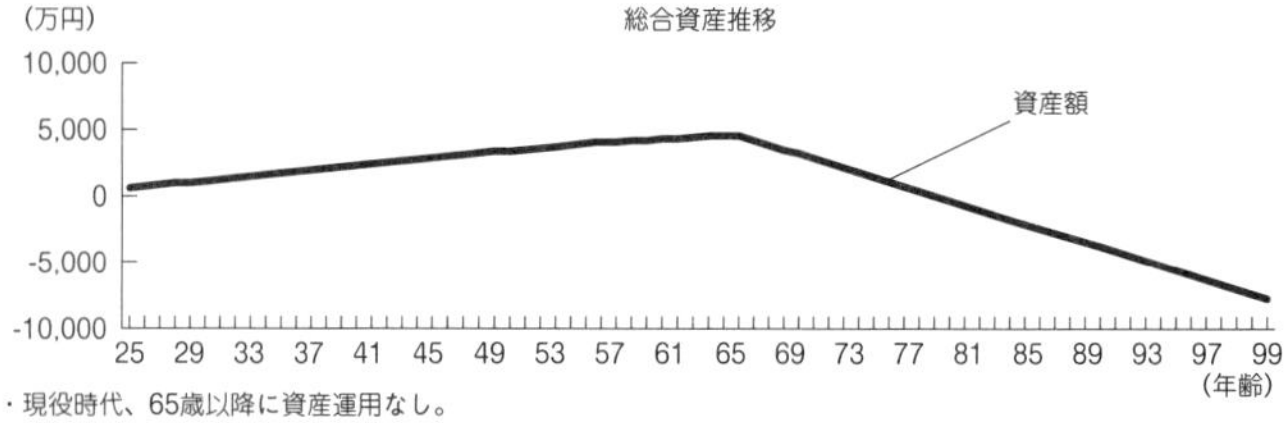

・現役時代、65歳以降に資産運用なし。
・事例1では65歳までに約5000万円の資産を作っても、79歳のときには資産を使い切ってしまいます。

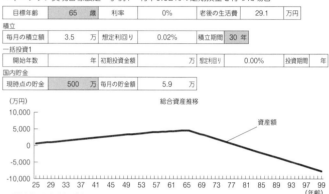

マネープランシート（資産シミュレーション）after

マネープラン実現目標設定　事例2　利率7%で資産運用を行った場合

目標年齢	65	歳	利率	4%	老後の生活費	29.1	万円

積立

毎月の積立額	3.5	万	想定利回り	7.00%	積立期間	30	年

一括投資1

開始年数		年	初期投資金額		万	想定利回り	0.00%	投資期間	年

国内貯金

現時点の貯金	500	万	毎月の貯金額	5.9	万

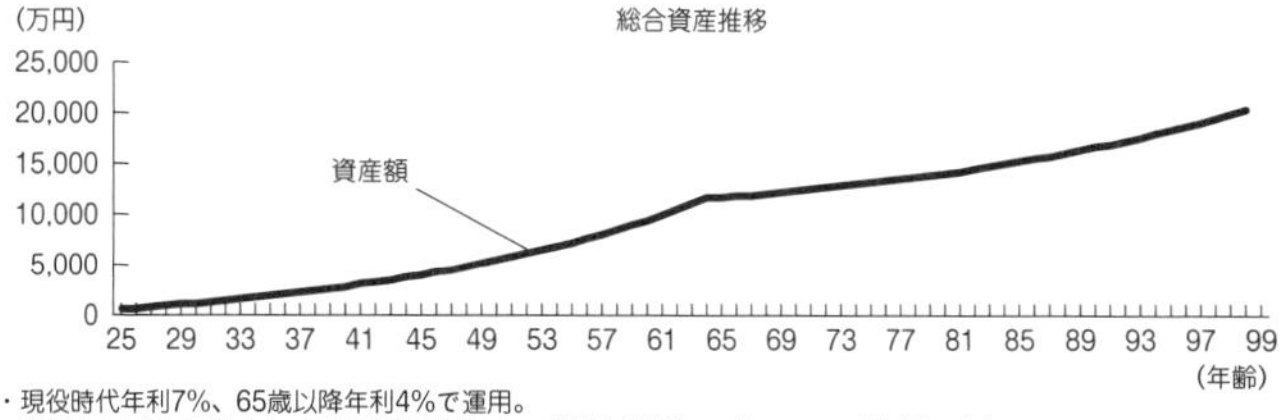

・現役時代年利7%、65歳以降年利4%で運用。
・事例2のように長生きしても総資産が減らない状態を目指してプランニングを行います。
・3.5万円をそれぞれ積み立て／運用した場合の、総資産推移が自動的に反映されます。
・「実現時の月支出」は、老後の生活費の希望金額を記入してください。

基本的な考え方は、「心の満足度の高いものは削るな！」

実際にご自身のマネープランシートを作成してみて、現在の資産状況が明らかになってきたのではないでしょうか。

では、いよいよ支出を改善するためのお話に入っていきたいと思います。

支出を改善する際のポイントは3つあり、

1 基本的に、辛いことはしない
2 削減への抵抗感をなくすには〝天秤〟に掛ける
3 判断に迷った時は、1度やめてみる

です。

あなたは「支出を削減する」というと、「ツライ、貧乏くさい」というイメージをお持ちなのではないでしょうか。特にありがちなのが、「支出改善」と聞いて、食費から削ろうとする人がいることです。

確かに、支出の中でも食費が削りやすいのは事実です。

しかし、たとえばいままで月４万円を食費に使っていた方が、３万円に減らしてしまうと、「なんだかひもじくなったな」という印象を受けてしまいます。

そうなると、結果的に支出削減に対するモチベーションまで落ちてしまう可能性があります。ですから、食費は、とりあえずは現状維持でも構いません。

同じく、趣味に使っているお金を削るのも、感情が伴っていることだけに、抵抗があるでしょう。とはいえ、趣味にお金を使う比率が、収入に対して明らかに高すぎる場合は、そうも言ってはいられません。

そのような時は「いまの趣味」と「目指す未来」の２つを、〝天秤〟に掛けてみてください。

「天秤に掛ける」とは、いまの状況と未来の可能性を心の中で対比させることです。たとえば、趣味に毎月5万円をかけている方がいたとして、「このまま毎月、貯金ゼロで5万円を趣味に投じ続けるか?」「それとも、趣味で使うお金を3万円に減らして、2万円を投資に充てることで、70歳リタイヤを65歳に早めるか?」と比べます。

自分にとってツラいことは、ツラいままでは続けられないけれども、比較した結果、「楽しい未来のためなら」続けられる、というわけです。

人間はもともと、ツラいことを長く続けることはできません。楽しいことでなければ、続かないのが普通です。

つまり、「節約をいかに楽しいものにするか?」がコツとなります。

だったら「どうしたら節約が楽しくなるのか?」というと、結果が出た時です。たとえ少額だろうとも、手元にお金が残るようになれば、それが喜びに変わります。

もし「比較だけでは、とても貯金できるようにはなりそうもない」という方がいらっしゃいましたら、もう1つ、別の方法があります。

それは「『自分には欠かせない』と思っているその出費を、あえて1度やめてみる」という方法です。事例を見てみましょう。

お話しするのは、30代での独立を夢見るサラリーマン・Eさんの事例です。独立に向けて、人脈をつくろうと考えたEさんは、自己啓発セミナーや異業種交流会などにも積極的に参加し、飲み会にもよく顔を出していました。

ある日のこと。Eさんは、人づてにある中小企業の社長を紹介されます。Eさんは大喜びで、「いいご縁ができた」と思いました。この社長もEさんが気に入ったらしく、盛んに飲み会に誘います。

「この人とつながっておけば、いいことがあるかもしれない」と思ったEさんは、誘われるまま、どこへでも付いて行きました。

しかし、社長が毎週のように誘ってくるので、さすがにゲンナリし始めます。しかも、独立につながるような成果はまったくありません。

そんな中でFPから「必要と思っているものをいったんすべて止めてみて、本当に必要だったらまた行くようにしたら？」とアドバイスを受けます。

それを聞いたEさんは、試しに1カ月だけ、飲み会を全部断ることにしました。すると、それまでお金のやりくりに四苦八苦していたのが、ウソのように消えました。未練どころか、悩みがなくなって、かえって清々しいくらいです。以来、Eさんはパッタリと飲み会に行かなくなりました。それくらい、削減の効果が絶大だったのです。

人は「これは本当に、自分にとって必要不可欠なものなのか？」と考えているだけでは、堂々巡りをしてしまいがちです。

ですから、考えても結論が出ない時には「試しに1度、白紙に戻してみる」というのも、非常に効果的です。

やめてみて、万一「禁断症状が出た」とか、「生活に支障が出た」ということであれば、確かにそれは、あなたにとって欠かせないものであるに違いありません。しかし、そうでないのであれば、「自分にはなくてもいいものだ」と判断できます。

世間では、よく「心の満足度が大切だ」と言います。

けれど、「これは外せない」と思っていたことを、試しにやめてみたら、実際は「そこまで大事でもなかった」、ということが、案外、多いのではないでしょうか。

削減効果が高いのは、「通信費」と「生命保険料」

前の項のところで「いまの楽しみと未来の楽しみを天秤に掛ける」、という話をしました。

〝支出の削減〟というと、どうしても「我慢しないといけない」というイメージがありますが、その我慢も永遠には続きません。

節約のために、一生、我慢が必要なのではなくて、状況を改善するために、当面は生活に必要なことを優先させる、という意味です。

状況が改善したら、また優先順位の見直しが必要になりますし、その頃には、もしかしたら自分の中の希望順位も変わっているかもしれません。

家計簿診断を行っていて、削減効果の高いものと言えば、「通信費」と「生命保険料」です。

通信費に関しては、現在、かなり安くなってきています。

２０１９年６月18日、総務省による携帯電話料金に関する有識者会議が開かれ、正式決定次第、まずはスマートフォンを対象に、同年秋にも新ルールが導入される見通しとなっています。いまのところ（２０１９年６月）、このような発表がなされています。

・現状、大手３社が契約の途中解約に課している違約金９５００円を１０００円にする
・通信契約（期間縛りなし）とセットの端末代金の値引きは最大２万円まで
・長期契約を条件とした端末値引きを禁止
・現在、行われている「２年契約あり／なし」プランの間に設けられた通信料金の差別化（１５００〜２７００円）を１７０円以内にする

政府の主な狙いは、携帯会社の乗り換えをしやすくすることによって価格競争を促

し、通信料金の値下げにつなげよう、というものです。

さらに、２０１９年10月からは、ＥＣサイト大手の楽天が携帯事業に参入する予定となっており、今後の携帯業界が大きく様変わりする可能性があります。

いまは、大手キャリアが発表している新料金プランよりも、格安キャリアのほうが依然安い状態です。家族割引が大きくなったくらいで、個人契約の場合はあまり代わり映えのしない内容となっています。

大手量販店の販売員に聞いてみたところ、「今後がどうなるのかは、現場レベルにはまだ何も通達がきていない」とのことでした。

期待されている楽天の参入については、店舗数がどれくらいになるかがポイントになってくるでしょう。利便性が上がってこないと、ワイモバイルやＵＱモバイルの優位性は変わらないかもしれません。

宣伝も盛んに行われてはいるものの、「携帯会社を変えるのが面倒くさい」「家族割に入っているからやめられない」といった理由で、そのまま高い携帯代を支払い続けている人をしばしば見かけます。実際は、家族割よりも、格安SIMのほうが安いのですが。

面倒くさいのを我慢して手続きするだけで、平均すると月にだいたい5000円前後は節約することができます。これだけで、年間6万円のコストダウンができますから、検討する価値はあるのではないかと思います。

次に、生命保険に関してお話しすると、月に5万円くらい生命保険に支払っている人は結構います。生命保険だけで月々2~3万円のコスト削減が実現し、なおかつ保険を持っていることに対する満足度は上がる、なんてことは日常茶飯事です。

一般の方が生命保険の見直しを行う場所として、保険の相談窓口があります。相談料が無料だというので行かれる方が多いのですが、我々はオススメしていません。

なぜなら、保険の相談窓口は、保険を販売するところだからです。つまり、生命保険を削減するはずが、新たな保険に加入させられる可能性がある、ということです。

通常、無料の相談窓口は、保険の紹介料が利益の源泉になっています。

ですから、できれば独立系のＦＰのところへ行くのがいいでしょう。

独立系とは、自分で金融コンサルタント事務所などを開いている人のことです。保険会社などから自立していることで、顧客の立場に立った客観的な判断ができる、とされています。

腕のいいＦＰを見つけるコツとしては、

1　相談料が有料のところを探す

2　何カ所か回って比較をする

の２点が挙げられます。

これだけ無料の情報が氾濫している世の中にあって、「相談料を有料にして営業している」ということは、そのサービスに顧客が付いている証です。

けれども、中には独立系のフリをして、バックに保険会社が付いていることがあります。だから、１と２を組み合わせることで、見極める精度を上げるわけです。

１カ所目で、話を聞いてもよくわからなかったのが、２カ所、３カ所と回るうちに、だんだん相手の言っていることが理解できるようになってきます。

もう1つ、見極めるヒントとしては、面談前に「家計簿等、事前準備を求めてこない」FPは、〝ニセ独立〟の可能性があります。独立系であれば、自分の時間も、顧客の時間も、疎《おろそ》かにはしないはずだからです。

「100％を使い切る」という発想を持つ

マネープランの第1ステップで現状把握を行い、ご自身の支出が明らかになったことで、たとえば「娯楽費でこんなにお金を使っていた」とか、「思ったよりも外食が多かった」といったように、改善点がある程度、見えてきたのではないかと思います。

ですから、第1ステップを踏まない限り、本当の意味で「何をどうしたらいいのかが見えてこない」ということなのです。

確かに、自分の収入や毎月の繰越残高などから、だいたいの目標を決めることはできます。しかし、それが将来への不安を完全に打ち消してくれるのかというと、難しいのではないでしょうか。

これが、いままでいくら節約術を学んでも、「貯金ができない」「生活の質が改善しない」「学んだことの効果が出ない」理由だったわけです。

では、先へ進みましょう。あなたがすでに現状把握を行い、先に挙げた節約のコツを参考に、改善を図ったとします。自分のできる範囲内で通信費、保険料、娯楽費、外食、食費、日用品等々の費用を削減しました。

これらの結果、月に2～5万円の貯金ができるようになったとしても、「これでいいのかな?」と思いますよね?

確かに、これであなたが資産形成を行うためのベースはできました。でもまだテコ入れはできていません。

ですから、次に〝未来をつくるための予算組み〟を行います。

予算化を行う際には、143ページの図の支出の推奨値を参考にしてください。巻末の特典ダウンロードにあるマネープランシートに支出を入力すると、現状の割合がパーセント表示されるようになっています。推奨値と対比させながら、未来をつくる予算を考えてみましょう。

手取り収入に対する月支出の推奨割合

貯蓄・資産運用	教育費・自己投資	保険料
25～30%	10%	1～3%
住居費	水道光熱費	食費
0～25%	3～5%	10～20%
通信費	車両費	日用品
3%未満	5%	3～5%
交際費・お小遣い	被服費・美容代	娯楽・レジャー
10%	5%	5%

人によって収入や家族構成などの状況が違うため、ここでは予算の相場をパーセンテージで表示しておきます。

あなたも、毎月の手取り収入に対するご自身の各支出項目を巻末特典でダウンロードしたマネープランシートに入力して、推奨値のパーセンテージとの比較をしてみてください。

1つ、注意点があります。パーセンテージを出す際、分母となる「月々の手取り収入額」は、銀行口座に振り込まれる通常の手取り給与ではなく、ボーナスを含めた年間の手取り金額を12分割したものを使います。

このように、金額を均等に割って均《なら》すことを、〝平準化〟といいます。

シートを埋めながら、相場の数字と、マネープランシートで自動算出された、各項目が支出に占めるパーセンテージを見比べてみてください。

おそらく、実際につくってみると、相場とのズレが出てくるでしょう。現状把握の時には気づかなかった、たとえば「平均に対して家賃が高いな」といったような、新しい気づきがあるはずですから、そこをまた改善していきます。

改善の秘訣は、先にお話しした天秤発想で比較しながら考えていくことです。

予算化に関するポイントが何かというと、「予算を月割りにして平準化した上で、その予算を使い切る発想を持つ」ということです。なるべく予想外の出費をなくして、マネープランに沿った生活を心がけます。

こう書くと、中には「ロボットじゃないんだから、そんなのつまらない」と思った人がいたかもしれません。

だからこそ、レジャーや趣味、冠婚葬祭費用もきちんと割り振りを行い、かつその金額を「使い切る」わけです。

予算を使い切らないといけない理由は、「余ったら貯金しよう」という発想から抜け出すためです。

だったら、レジャーの費用も節約し、それも貯金に回せばいいような気がしますが、あまりケチケチすると長続きしません。

予算を守らないでいると、やがて予算自体が形骸化してしまいます。楽しむ時は思い切り楽しむことが、マネープランを続けるためのコツなのです。

妥当な〝ゴール〟の決め方って？

ここでいま1度、マネープランの〝ゴール〟を確認しておきたいと思います。

マネープランを作成する目的とは、「自分で『引退＝老後に入る年齢』を決め、その時までに自分の希望する老後資金を確保できている状態にすること」です。

ですから、マネープラン作成のためには、最初に「いつ引退するのか？」を決める必要があります。

我々が、家計簿診断を行う際は、「何歳で老後を迎えたいですか？」と必ずお聞きしています。

すると、たいていの方は「早めにリタイヤをしたいです」と答えます。

すでにお話ししましたが、老後とは、労働収入がなくなった時から始まります。

よって、早期リタイヤをすることは、老後を早めるのと同じ行為になります。だったら一体、どういう目標が妥当で、どういう目標が妥当ではないのでしょうか。先日、面談をしたＧさん（38歳、独身）の事例を見てみましょう。

Ｇさんは、インストラクターとして働いています。貯金は１００万円もありません。独り身の気楽さからか、パッパとお金を使ってしまう性分です。

Ｇさんは、前々から「50歳には自分のジムを持ちたい」という、淡い夢を抱いていました。

しかしＦＰが、やってきたＧさんの家計簿診断をしたところ、「このままの状態だと、70歳にリタイヤを設定し、いまから月々５万円を年利７％の投資に充てることで、何とか老後資金が確保できます」、という結果が出ました。

ＦＰから「もし、50歳に入る前にリタイヤしたい、ということになりますと、月々50万円くらいの余剰金を積み立てれば可能かと思いますが、いかがでしょうか？」と言われたＧさんは、現実を前にして、返事をすることができませんでした。

これ以降、Ｇさんは人が違ったように、ＦＰの話に真剣に耳を傾けるようになりました。インストラクターはカラダを使う仕事のため、「このままの勤務を70歳まで続けることはできない」と悟ったからです。

現在、Gさんは言われた通り、月に5万円の積み立て投資を行う以外に、少しでもリタイヤを早められるよう、月に3万円ずつ貯金を始めました。仕事でも、収入の増加を目指して、自分のスキル向上に努めている、ということです。

残念ながら、ボンヤリと楽しい未来を夢見ているだけでは、その未来は、いつまで経ってもやってきません。いまある現実を理想に近づけていくためにも、「現状認識」と「現実的な引退年齢の設定」は、非常に大事なのです。

さて。現実的なリタイヤ年齢を設定し、マネープランの予算化まで終わったら、最後に目標設定を行います。

「目標設定って、先ほどの予算化と一体何が違うの？」と思われた方もいたかもしれません。予算化とは、あくまでも現状のお金の使い方を見直すために行うものです。

一方、目標設定とは「将来のゴールを決める」ことを指します。

とはいえ、おそらくほとんどの人が「老後はどのような生活をしたいのか？」と聞かれても、答えられないのではないかと思います。

老後の目標設定をする際のコツは2つあり、1つ目は「いまをベースにする」、ということです。

将来のことは想像できなくても、いまのことであれば、わからない人はいません。ですから、現状を基準にしながら、次の3つの質問に答えることによって、老後準備金の増減を検討します。

《マネープランの目標設定に必要な3つの問い》

1　いまの生活よりレベルを上げたいか？　下げるか？　現状維持か？

2　現役時代には必要だったが、老後に不要となる費用があるか？
（たとえば教育費や住宅ローンなど）

3　現役時代にはできずにいた、老後にやりたいことがあるのか？　ないのか？

1に関して、老後の生活レベルを上げれば、それだけ多くの予算が必要となり、下げれば少なくて済みます。

3に関しては、たとえば「老後は2年に1回、海外旅行に行きたい」ということであれば、生活費以外に旅行の予算を組んで、平準化した金額を予算にプラスします。このような感じで、老後に必要なランニングコストを決めていきます。本人の希望と現在の状況次第で、人によって、かなり個人差が出るところではあります。

目標設定のコツの2つ目とは、「目標もリタイヤ時期も仮決めでいい」ということです。万一、「違うな」と思ったら、変えてもいいのです。

現状のサラリーマン雇用の実態から、多くの方は、やはり65歳を老後と決めている方が多数派です。当然、それでも構いません。

まずは65歳で定年できるよう状況をコントロールし、そこから希望の時期に近づけていく、というのが、目指すゴールとしては、1つの目安となるのではないでしょうか。

遠くの不安から解消する

マネープランの基本的な作成方法は、だいたい以上のようになりますが、全体を通して、作成する際に意識するべき3つの考え方についてお伝えしておきます。

まず、考え方の1つ目は「遠くの不安から先に解消する」ということです。これは「先に老後の不安感を取り除くための道筋をつける」という意味です。

中には「いまから老後の心配をするなんて、年寄りくさい」とお考えになる方もいらっしゃると思います。

ではなぜ、私たちが老若男女関係なく、先に老後のことを考えていただくようにしているのかというと、老後対策は、若ければ若いほど有利だからです。

老後に向けた資金の準備は、早く始めるほど1回の負担額が少なくて済みます。時間を味方につけることで、将来の不安を早く取り除くことが可能となります。

意外に感じるかもしれませんが、資産運用は長期であればあるほど、数字が読みやすくなります。試しに、株価などの相場の動向をグラフ化したチャート図を思い浮かべてみてください。同じ銘柄でも、設定を「1日」にすると、大きく乱高下していることがわかります。しかしこれをたとえば「10年」に設定すると、先ほどの乱高下がウソのように、波が穏やかになります。


「いまの仕事を70歳まで続けるなんて考えられないです」「この会社に定年まで勤めている未来が想像できません」といった声もよく耳にします。

そういう方に対しても、いまの仕事を続けていただくことを前提に、家計の見直しから入っていただくことに変わりはありません。

まずは現状を維持しつつ、ご自分のゴールを決めてもらい、老後に対する見通しをある程度つけた上で、改めて「では、本当にやりたい仕事とは何でしょうか？」という問いかけをするようにしています。

老後を先に決めることで、面談者は心配ごとが1つ減り、その分、現状の改善に力を注ぐことができるようになる、というわけです。

転職や独立・起業等をするには、条件が揃わないと、なかなか難しいところがありますが、老後の準備は自分のことですから、自分に決定権があります。仮に「いい運用先がない」ということであれば、貯蓄しながら待つこともできます。

マネープラン作成に当たっての、考え方の2つ目をお話ししましょう。それは「公的年金をアテにしない」ということです。

第2章でお話しした通り、現在、年金制度は変わり続けており、20年後、30年後の制度がどのようになっているのか、見通すことは難しくなっています。

「アテにしない」というのは、「公的年金を老後設計の計算に入れない」という意味ですが、それと「年金が出ない」ということとは、まったく別の話です。

年金がもらえないということはないにしても、今後も支給開始年齢の後ろ倒しが続くことが予想されます。

このような状況の中で、年金をアテにした老後設計を行い、万一、想定外の事態になったら、困るのは自分です。

もし「公的年金が期待通りに支給されない」と判明した時に、すでに労働収入がなくなっていたり、働けなくなったりしていたら……と考えるだけでも恐ろしいのではないでしょうか。

後になってハラハラするよりは、労働収入があるうちにしっかり準備をしておくことで、〝自分年金〟を創ろうということです。

マネープラン作成時の考え方の3つ目は、「老後になっても運用はやめない」ということです。これも繰り返しになりますが、自分が何歳まで生きるのかは、基本的に自分で選ぶことはできません。

現在、通常の寿命と健康寿命の間には、10年ほどのギャップがあります。ということは、その10年あまりの年月は、誰かの世話になっている、ということを意味します。それは国なのか？　それとも家族なのか？　はわかりませんが。

ですから、この長寿社会で生きていくには、最期の日を迎えるまで、運用を止めないことが基本原則です。人生の先輩として、後に残された者たちが困らないようにしておきたいものです。

ちなみに、これをお読みの方の中で、相続が発生しそうな方がいるのであれば、早めに対処しておくことをオススメいたします。相続は、老後の生活資金とは別に考えるようにしてください。

いま、全国では「厚生年金・国民年金の減額は違憲」として、国に対する訴訟が相次いでいます。

実際に、労働収入がなくなってから、アテにしていた年金が思ったほど支給されずに、困っている人が出始めている、ということです。

厚生労働省の調査によれば、現在、国民年金（基礎年金）だけを受給されている方の平均受給額は5万円ほど。財政上、減らさざるを得ない年金の支給額を、今後、この世帯の方々にも適用すべきなのかどうか、議論が続けられています。

２０１６年に可決・成立した年金改革法では、短時間労働者への社会保険適用枠が拡大されました。国は、「納付対象者を増やし」「支給額を減らしている」わけです。

紆余曲折がありながらも、世の中は予想通りに進んでいる、と言えるでしょう。

マネープランシートの活用で人生大逆転！

この章の最初の「マネープラン実現のための3ステップはたったこれだけ」のところで、「9000万円を年利4％で運用すれば、その利回りが年間360万円となり、月額30万円の生活費を運用益で賄える」というお話をしました。

9000万円ものお金を貯金だけでつくろうと思ったら、40年かけたとしても、月々20万円近くのお金を積み立てていかなければなりません。

一般のサラリーマンにとって、この金額を40年間、安定的に貯めていくのは、なかなか難しいのではないかと思います。

そこで、第2章でお話しした「必要最低限のリスクのみを取る」という発想が出てくるわけです。

たとえばここに、家計簿診断を行なった結果、月に10万円の削減に成功したHさんがいたとしましょう。Hさんは、年間１２０万円、30年間で３６００万円を、貯金だけでつくることができますが、それでも９０００万円には届きません。

しかし、年利７％の運用を行えば、１億１７００万円の資産を30年間で形成でき、８万円の積立でも９０００万円の目標を達成できるので、残り２万円は自由な用途に使うことができます。

次の事例のＪさんは、投資など資産が増減する物に対して強い抵抗感を持たれていました。

しかし、元金として投資に回せる貯金が１５００万円あります。それにプラスして月に４万円の積み立て投資を行えましたので、それらを保険のような元本確保型の商品に当て、年利４％で35年間の運用をしたところ、資産は９５３０万５８００円になりました。許容範囲内のリスクでマネープランを完成させることができたのです。

これが投資の力です。そのための原資になるのが、マネープラン作成の過程で見直しを行い、捻出してきた貯金なのです。

人生設計を行う上で、マネープランと貯金の大切さが、ご理解いただけたのではないかと思います。

それでは、実際にマネープランシートを活用した結果、劇的な改善に成功したサラリーマン・Mさんの事例をご紹介します。

Mさんは現在、30歳。いまから2年前は、自営業で保険のセールスマンをしていました。1件、契約を取るごとに、保険会社から成功報酬をもらう、というお仕事です。

営業が上手くいった時は大きなお金が入ってきましたが、月に均すと、収入はだいたい月額25万円くらい。結婚されたばかりの奥さまもほぼ同額の収入があり、当初は恵まれた境遇にありました。

当初、Mさんがお金の勉強をし始めた理由は、「投資で一発当てたい」という下心からでした。

その頃のMさん家は、典型的なメタボ家計。家賃14万円のマンションに住み、交際費に月8万円、セミナー代に月5万円、旅行代に月5万円……と、ほぼ貯金ができていない状態でした。

次のページが、当時のMさんのマネープランシートです。

しかし、程なくして奥さまの妊娠が判明します。

「妻が産休に入れば、このままの生活を維持できない」と、追い詰められたMさん。

悩んだ末に、自営業を廃業し、サラリーマンとして保険会社に再就職したのです。

ここに至って、Mさんは家計を改善する一大決心をします。

まず、金食い虫になっていた豪華マンションを引き払い、55平米で家賃8万円のアパートを見つけ、そこに引越しをしました。

通信費も、格安スマホに乗り換え、世帯で1万1000円くらいに抑えました。

効果がよくわからない自己啓発セミナーに行くこともやめました。

旅行も、それまでは年間60万円くらい使っていたのを、旅行会社に勤めている兄弟のコネで、年間4、5万円で済ませるようにしました。

こうした努力によって、50万円くらいあった支出を約半分にすることに成功したのです。

おかげで、月々15万円の貯蓄ができるようになり、いまでは、それを年間で貯め

M さん家の改善前の家計簿

手取り月収（ボーナスは12分割して加算）

月収入	25	万円
配偶者月収	25	万円
合計	50	万円

改善前

支出の内訳

支出合計金額	51	万円			
家賃	14	万円	趣味	1	万円
水道光熱費	2	万円	美容	1	万円
通信費	3	万円	旅行	5	万円
交通費	2	万円			万円
食費	4	万円			万円
交際費	8	万円			万円
新聞・書籍費	0.5	万円			万円
生命保険	4	万円			万円
教育費	5	万円			万円
雑費	0.5	万円			万円
		万円			万円

月の収支額は下記になります。

収支額	-1

て、一括投資に充てています。

さらにお金だけではない、大きな変化もありました。

生活のために、止むを得ずサラリーマンに戻ったMさんでしたが、保険会社で顧客の相談に乗っているうちに、コンサルティング能力が開花し、社内でベストコンサルタントに選ばれたのです。

現在のMさんは、自分のコンサルティング事務所を開きたいと考え、そのための準備を進めているところです。

Mさんは、ご家族のために自営業を廃業するという、辛い決断をしたわけですが、結果的に、それがベストの選択となりました。

たとえ失敗しても、人はまたやり直すことができます。Mさんの事例は、多くの方に勇気を与えるのではないでしょうか。

Mさん家の改善後の家計簿

手取り月収（ボーナスは12分割して加算）

月収入	22	万円
配偶者月収	18	万円
合計	40	万円

改善後

支出の内訳

支出合計金額	**24.4**	万円			
家賃	**8.3**	万円	趣味	1	万円
水道光熱費	2	万円	美容	2	万円
通信費	**1.1**	万円	旅行	**0.5**	万円
交通費	2	万円			万円
食費	4	万円			万円
交際費	**1**	万円			万円
新聞・書籍費	0.5	万円			万円
生命保険	**1**	万円			万円
教育費	**0.5**	万円			万円
雑費	0.5	万円			万円
		万円			万円

月の収支額は下記になります。

収支額	＋15.6

第4章

手段の構築

投資の原資はストックとフローから

ここまで、あなたが貯金体質に変わるための考え方、そして実際にマネープランの作成手順、予算と目標設定の仕方を説明してきました。

もし、あなたがこの時点で「支出の見直しとプランの作成だけで、老後を迎える準備が整いました」ということであれば、それに越したことはないでしょう。

しかし、そうでなかった場合は、何らかの手段を講じることを考えていかなくてはなりません。

そもそも投資を行う際に、どこから出資を行うのかと言えば、2つしかありません。それが〝ストック〟と〝フロー〟です。

ストックは「蓄え」という意味で、貯金がまさにそうです。

フローは「流れる」という意味ですが、水のように、お金が絶えず循環しているイメージから、こう呼ばれるのでしょう。サラリーマンの方だと、給料がこのフローに相当します。

もとより、浪費体質の方が、貯金がゼロであっても生活していけるのは、フローが入ってくるからです。

問題は、フローが入ってこなくなった後です。お伝えしたように、公的年金はアテにはならないため、労働収入が止まった後は、ストックを頼りに生活するか、別のフローが入ってくる手立てを講じておくしかありません。

投資をする際には、ストックとフローそれぞれの特徴を知り、投資に活かしていくことがポイントになります。

たとえば、フローを使った投資には、必然的に時間差を使った分散ができる、という大きなメリットがあります。

フローを活用した投資とは、毎月入ってくる収入の中から、一定額を拠出して投資を行うことですから、要は積み立て投資のことです。毎月、決まった日にちに同じ額を投資することで、価格差を均す効果が生まれます。

また一括投入ではなく、分割して投資を行うことにより、お金の投入時期も分散できる、というわけです。

対するストックには、いますぐにでも資産形成をスタートできる、という優位性があります。

投資とは、一般に一度に投入する金額が大きければ大きいほど、有利になります。少ない金利でも金額が多ければ、その分、額が増えます。加えて、「すでに手元にある」ことで、お金が貯まるのを待つ必要もなく、「よい投資商品さえあれば、いつでも投資できる状態である」という意味で有利なのです。

現在、フローだけで生活している人は、ストックのつくり方を知らないために、どうしても「利回りは高ければ高いほどいい」という思考に陥りやすくなります。

では、ストックとフローの2つをどのように活用していけばいいのか？ について触れておきましょう。

第3章の「記録はいつも〝発生主義〟で、溜めないのがコツ」のところで、「万一の際の準備金は、サラリーマンで支出の3カ月分、自営業の方で半年分を用意する」というお話をしました。

投資をする際は、この準備金を差し引いた、残りのストックを充てて構いません。基本はそれを元金とし、さらにフローの中から捻出した資金とともに、ダブルで投資に充てると、より効果的です。

ストックがない場合は、フローを中心に投資を行います。フローの中から毎月いくらを投資に充ててもいいのか？　に関しては、マネーレコーディングが必要です。

収入も支出も、多い月と少ない月がありますから、収入は少ない月に合わせ、支出は多い月の金額を基準に見積もるようにしてください。

毎月、ムリなく投資に充てられる金額を設定することが、フローを活用する時のポイントです。

シンクグローバリー、アクトローカリー

「投資では情報が大切だ」と言うと、多くの方が次に思うのは「では、その情報はどこにあるのか？」ということではないでしょうか。

これだけ世の中がグローバル化している世の中ですから、当然ながら、投資もグローバル化しつつあります。

あなたが希望する・しないに関わらず、もし、投資で成功したいと思うのであれば、海外に目を向けざるを得ません。

なぜ、海外の商品に目を向けないといけないのかを、以下で説明します。せっかくですから、数年前にブームが起きた、あの大著から引用してみましょう。

フランスの経済学者、トマ・ピケティ氏が書いた『21世紀の資本』（みすず書房、

2014年）は、600ページを超える分厚い研究書ですが、ベストセラーになって、大きく取り上げられました。

本の内容は「貧富の格差はなぜ、どのようなメカニズムで起きるのか？」ということについて、18世紀の資料まで遡り、丹念に考察したものです。

ピケティ氏の研究によって導き出されたのが、「r＞g」という有名な公式でした。この式は、「人間の歴史において、資本収益率rは、常に経済成長率gを上回ってきた」ということを表したものです。

氏によると、人類が生きてきたほとんどの期間、経済成長率は限りなくゼロに近い0・1〜0・2％以下で推移してきた、といいます。

それに対して、資本収益率は、おおむね4〜5％で安定していました。産業革命前の伝統的農耕社会での資本収益率とは、主に土地による収穫益です。

それが、18世紀の半ばから産業革命が始まったことで、19世紀の経済成長率は1・5％へと上昇し、さらに20世紀の戦後の復興とグローバル経済の発展によって、世界の成長率は3・5％〜4・0％にまで上昇しました。

けれども、それは歴史の流れでいうと、所詮は一過性の数字に過ぎず、以後、世界的な少子高齢化の流れの中で、21世紀末には再び経済成長率は1・5%程度になるだろう、と予測されています。

ここに、「投資は世界に目を向けるべき」理由があります。

日本は戦後の復興期からバブル時代にかけて、約4~9%という驚異的な経済成長を遂げました。

しかしそれは、戦争で荒廃した国土の再建や、戦後の爆発的な人口増による特殊な状況がもたらしたものです。

ピケティ氏は、人類の歴史上、低成長が普通の状態であり、好景気のほうが、むしろ異常な状態である、と述べています。

現在の日本は、成長のピークを過ぎ、人口も減り始めています。トレンドは、すでに下降曲線に入っているわけです。

もちろん、経済が下降線だからといって、これからの日本でも、革新的な企業やサービスが生まれる可能性は十分あります。

とはいえ、そうしたサービスが日本で生まれることと、あなたがそれをいち早く見つけて、投資を行うことができるかどうかは、また別の話です。

仮に見つけられたとしても、ベンチャーに投資することは、かなりのリスクを伴うでしょう。

一方、世界に目を転じれば、アジアなどで、かつての日本の高度成長期を再現しているような国は、まだあります。

確率論的にいうならば、日本で目を皿のようにしながら、あるかどうかわからない投資先を探すよりも、いま、現に伸びている国に投資をしたほうが、自身の資産もそれだけ殖える確率が高まる、ということです。


この項のタイトル「シンクグローバリー、アクトローカリー（Think Globally, Act Locally）」とは、もともと環境問題などでよく使われる言葉です。「地球規模で考え、足元から行動しよう」という意味です。

「地球規模」というと、あまりにも漠然としすぎていて、どうしたらいいのかわからなくなってしまう、という方もいるかもしれません。

しかし投資の場合、本当に自分の貴重なお金を投ずるに値する投資というのは、それほど多くはありません。

実際、自分の動かせる資産金額や、投資を行える期間などでも、かなり範囲が限られてきます。

そこで、まずはこのようにしてはいかがでしょうか。

《シンクグローバリー、アクトローカリーを実践するための2ステップ》

1　日本の投資を基準に、「世界の投資は日本とはどのように違うのか?」ということを対比してみる
2　自分が投資をするに値する商品があれば、さらに深掘りするためのアクションを起こす

まずは、日本で普通に手に入る株式や投資信託といった商品と、世界の商品を比べてみます。コツは、「何を買おうか?」と考えるのではなく、「海外の商品は日本のものとは何が違うのか?」という目線から見てみることです。

そして、これが1番大事なポイントですが、「自分が投資をするに値する商品とは何か?」という視点から考えることです。

一般的な話をするのであれば、アメリカやシンガポールといった金融先進国と呼ばれている国では、無リスク資産といって、その国の国債の金利が比較的高くなっています。そのため、国債とリスク資産商品（株や不動産のような投資対象）との金利差がそこまで大きくない場合、通常はあえてリスク商品に投資をする人は多くない、ということです。

現状、国に取って代わるほどの信用機関はないので、国が発行する国債は、一応、無リスクと見なされています。海外投資を行う際は、「その国の無リスク資産との金利差がどうなのか?」というモノサシも持っていただければ幸いです。

リターンよりも、〝変動リスクとの差〟に注目する

それでは一体、私たちはどのような投資を行っていけばいいのでしょうか？

この話をする前に、事例をご覧いただきたいと思います。

２０１９年1月30日、それまで東証マザーズで時価総額トップだった新薬開発のベンチャー企業・サンバイオ株式会社がストップ安となりました。

その後も連日、安値が続き、同社の株価は、わずか数日にして5分の１になってしまいました。これが「サンバイオショック」と呼ばれる出来事です。

事の発端は２０１８年11月、同社が臨床試験を行っていた薬が、慢性期外傷性脳損傷に効果があると認められ、「２０２０年1月までに薬の承認を目指す」という発表を行ったことでした。

それまで同社の株価は、おおむね３０００円台で推移していましたが、発表後に株価は上昇し、期待感から一時は1万２０００円を超えていました。

ところが、慢性期脳梗塞の第二相臨床試験では主要評価項目を達成できず、治験失敗の速報が流れた翌日から、株価が急降下し始めたのです。

サンバイオ社が上場している東証マザーズという株式市場は、東京証券取引所の中でも、主に新興企業向けの市場です。東証一部、二部などの市場に比べて上場基準がゆるく、成長性を重視し、条件をクリアできれば赤字でも上場できます。

東証マザーズは公の取引所とはいえ、新興市場ですから値動きが乱高下しやすく、ハイリスク・ハイリターンの市場です。

実際、多くの一般投資家が、ハイリターンを求めてマザーズに参加していることが、データによっても裏付けられています。

日本証券取引所グループのＨＰによれば、マザーズで行われている取引のうち、90％以上が委託取引であり、そのうち個人の売買が60％前後を占めています。

個人の取引のうち、40％弱が現金取引であり、残りの60％強は信用取引となっています（同ＨＰ投資部門別売買状況株式習慣売買状況２０１９年3月～4月より）。参加している個人投資家の過半数が、借金で株を購入しているわけです。

東証マザーズには、「次世代の企業を育成する」という大きな役割があるものの、私たちのような兼業投資家が参入するには難しい市場です。

現実に、サンバイオ社の株価に関しても、期待感だけが先行し、それが外れたとみるや、瞬く間に値崩れを起こしました。

それでも、危険を顧みずにお金を投じてしまう人が多いのが実情です。

「どういうものに投資をするのか？」については、運やタイミングが関係してくるのも事実です。私たちは、投資商品を選ぶ側ですから、基本的にはいまあるものの中から選択するか、または希望の商品が出てくるまで待つ、ということになります。

つまり、投資を行う際には、ある程度の時間的猶予と、余裕資金がないと、予想外の出来事が起きた時に耐えることができません。耐えられなかった場合は、途中解約せざるを得なくなって、余計な手数料を取られることもあります。

投資において、〝待つ〟というのは大変重要な戦略なのです。

先ほど、サンバイオ社の事例で見てきたように、一般に株や投資信託といった商品には、価格の乱高下があります。

ということは、これらの商品に関しては、配当よりも、まずは「価格の上下で自分の資産が影響を受ける可能性がある」ということを考慮しなくてはなりません。

一方、不動産や債券などであれば、価格の上下はそこまで大きくはありません。

何を言いたいのかというと、投資は、価格の下落以上に利回りを得られる可能性のあるものに対して行われるべきだ、ということです。

私たちのように規模が小さく、兼業でやっている者は、注目すべきなのは大きなリターンではなく、「リターンと価格の変動リスクの差がどれくらいあるのか？」のほうなのです。

もちろん、「ある程度の冒険はしたい」というお気持ちを否定はしません。しかし、そういう方であっても「投資で破産してもいい」とまでは考えていないはずです。

もし、「リスクを取ってでもお金を増やしたい」という場合は、リスク分散を行うのが効果的です。リスクを分散する方法については、また別の項目で改めて詳しくご説明します。

結論を述べますと、ハイブリッド・クワドラントの兼業投資家が冒険していいのは、投資余力の10％までにしておくのが無難です。この10％に関しては「最悪、なくなってもいい」くらいのつもりで投資をします。残りの90％でマネープランのゴールに到達できるのであれば、10％のチャレンジ枠を持つことは問題ないと考える次第です。

「たとえ10％であっても失いたくない」と思うのなら、やらないほうが無難です。

サンバイオ社の株に関して、知り合いの中に借り入れを行なって投資をした結果、実際に破産申請をした方がいます（申請が認められるかどうかは別問題です）。

不動産などの一部の投資商品を除いて、一般の兼業投資家は、借り入れでの投資は行わないように留意してください。

なぜ、日本の金融商品には、ほとんど利息がつかないのか？

ご存じの通り、現在、日本の金融機関にお金を預けても、ほぼ増えません。いまさらですが、なぜ日本の金融機関では、ほとんど利息が付かないのでしょうか？

もともと、金融は規制の厳しい業界です。業界が規制を敷く理由の1つは、「怪しげな詐欺商品から消費者を守る必要がある」ためです。

それ以外に、実はもう1つ、規制をする大きな理由があって、それは「業界の既得権益を守る」ためです。

規制によって守られた銀行・保険・証券会社などは、長年、海外の強力なライバルたちと競争する必要がなかったため、サービスに創意工夫を重ねなくても、生存を脅かされることはありませんでした。

金融機関にとって、この居心地のいい状態を可能にしたのが〝日本国債〟です。

現在、日本は大量の赤字国債を発行し、それで国の制度を維持していることは、本書のシリーズ第1弾『トップ1%の人だけが知っている「お金の真実」』の中で詳しくお伝えした通りです。

この国の命綱とも言える国債を引き受けているのが、日本の金融機関です。万一、彼らが国債を買ってくれなくなれば、国は制度を維持できなくなります。

だから、国は規制によって海外勢を締め出す代わりに、金融機関に国債を買ってもらっています。彼らは長年に渡って癒着し合い、美味しい思いをしてきたのです。


ところで、銀行や保険会社には、安全性の観点から「運用する資産のうち、決められた比率分を自国債で運用しなければならない」という決まりがあります。

顧客から預かったお金を、金融機関の独断でどんな運用に回しても良い、ということになってしまうと、ギャンブル性の高い投機にお金が回ってしまい、金融危機に陥ってしまうことにもなりかねないからです。

現在、国債の利回りは、日本の10年物国債がゼロ％前後、アメリカ10年物国債の利回りが、だいたい２・５％前後（２０１９年4月現在）です。

日本と世界の金融商品を比べた際、まずはこの国債利回りの差が、そのまま金融商品の運用益の差となっています。

続いて、利回りが低いもう1つの理由として、販売会社の利幅が高いということが挙げられます。事例で言うと、生命保険の手数料などがそうでしょう。

私たちが支払っている生命保険の保険料は、主保険料と付加保険料の2種類に分けることができます。

このうち、主保険料という部分が運用に回る要素です。主保険料を運用して資金を増やし、加入者が死亡した際などに支払う保険金の原資にしています。

もう1つの付加保険料という部分が、保険会社の利益になります。

しかし、この付加保険料をいくら取っているのか、というのを、日本の会社は開示していません。唯一、開示しているのがライフネット生命の1社だけです。

では、そのライフネット生命がどれくらいの手数料を差し引いているのかというと、なんと保険料の30％以上です。情報を開示しているくらいなので、それなりに自信のある数字のはずですが、それでもこれだけの手数料を徴収しているのです。

おそらく、一般的な保険会社であれば、保険料の50％は手数料として差し引いているのではないでしょうか。

それに対して、海外の保険会社の手数料は、平均約3～10％です。

日本の保険会社が、これだけ高い手数料を取るのは、広告宣伝費が高く付いているためです。

あなたも、テレビで保険会社のCMがゴールデンタイムに流れているのをしばしば目にしているでしょう。タレントを使った高額なCM料は、私たちの支払った保険料から出ています。

また日本の保険は、販売奨励金に多額のお金をつぎ込んでいます。たとえ同じ外資系の会社であっても、日本と本国では、販売コミッションに3～5倍の差がある、といわれています。

それだけ、日本の保険は営業活動に経費をかけている、ということです。

けれども、売ることばかりにお金を使っていれば、肝心の保険のほうは、内容が薄いものにならざるを得ません。

ご存じでしたか？　実は、生命保険のパンフレットを見ても、そこには実利回りは書かれていません。代わりに予定利率というのが書かれていますが、それは表面利回りのことです。実際は、その金額から保険会社の手数料などが差し引かれます。

パンフレットに、解約返戻金の記載がありますので、それをインターネットの複利計算機などで逆算してみると、実際にどれくらい受け取ることができるのかがわかります。

ということは、逆を言うと、自分で計算しない限り、実際にはいくらもらえるのかがわからない、ということなのです。

これは事例の1つにすぎませんが、金融業界には、こうした閉鎖的な側面や、利用者の利益よりも、自分たちの利益を優先させるようなところがあります。

生命保険の手数料比較表

種別	手数料（国内）	手数料（海外）
死亡保険	約30%以上※1	約10%
個人年金等 貯蓄商品	約20～50%※2	約3～6%

※：海外は全て先進国（S&P 等格付が日本以上の国）が対象
※1：開示されているライフネット生命のホームページ情報より推測
※2：2019.4現在、返戻率上位10商品中、死亡保障無しの貯蓄商品の予定利率・実利回りの乖離より逆算

私たちは、賢い消費者にならなくてはなりません。まずは、このような実態を知ることが第一歩となります。

金融商品の購入を検討される時は、ぜひ手数料に注目してみてください。

その際は、第2章の「情報に踊らされないコツって何？」などでお話ししたように、比較対象を持つようにしてみると、見えてくることがあるはずです。

利回りのスタンダードを知る

ご存じの方も多いと思いますが、現在は日本の金融機関でも、外貨や海外商品を組み込んだ投資信託などを購入することが可能です。

だったら、どうして「日本で海外の投資商品を購入し、ひと財産をつくった」、という話を聞かないのでしょうか？

その答えは、先ほどお話しした〝手数料〟です。

たとえば海外からモノを輸入すれば、為替の影響を受けたり、関税がかかったりしますが、それは投資商品とて同じです。

商品が海外で組成された時は、数％の利回りが見込めるはずであったのに、日本に入ってくる際に仲介業者が間に入ったり、規制をクリアするために監査が入ったりして、店頭に並ぶ頃には、日本の一般的な金融商品の金利と大差なくなってしまう……

というわけです。

これまで個人の資産運用先として人気だった投資信託にも、近年は陰りが見えており、ビジネスモデルの転換を迫られる事態となっています。

最近の投信業界では、資金の流入よりも流出超過が目立っています。2019年2月には、2年2カ月ぶりに約2710億円という大規模な資金流出があり、さらに2月と3月の2カ月連続で資金が流出超過に陥るなど、その苦境ぶりが報じられています（日経新聞電子版、2019年3月7日、同13日、4月8日、同15日）。

一時期、売れ行きのよかった分配型や、AI・ロボティクス型、海外株式型などでも資金流出が起きており、最近の主流は、投資種別に限らず投資を行っていくバランス型なのだそうです。おそらく、いいとこ取りのように見えるからなのでしょう。

けれどももう、そうした内容を組み替えるだけの工夫では、日本の投資業界の劣勢は挽回できないように感じます。

もともと、証券会社のビジネスモデルとは、株取引の仲介を務めて手数料収入を得ることです。つまり証券会社にとっては、利用客が利用すればするほど儲かるため、顧客に買い替えを促しては手数料を稼ぐ、という回転売買が横行していました。

金融庁から再三、回転売買を控えるよう注意が出されていたものの、顧客が長期投資をしてしまうと販売会社が儲からない、という矛盾が生じてしまうのです。

現在の金融商品は、投資信託に限らず、全体的に手数料ばかりが高くて、利用者が儲からない仕組みになっているものが大半です。

かつては手数料が高くても、日本経済がそれを上回る勢いで成長していたために、誰も手数料が高いことなど気にも止めていませんでした。

しかし、低成長期に入ったいま、従来の手数料を取り続けていては、利用者の手元にほとんど利益が残りません。

実のところ、投資信託で流出超過の現象が起きているのは、利用者の側にも問題がないわけではありません。

投資信託は、複利の長期運用が前提となりますから、数十年のスパンでの資産形成に向いた商品ですが、数年のうちに解約してしまうのは、短期レポートに一喜一憂してしまうからです。それでは、投資信託そのものの利点が生かせません。

金融業界でも、すでに活路を海外に求める動きは広がっています。今後ますます、海外企業との合併、買収、ノウハウや商品の共有化といった動きが加速していくのは間違いありません。

やがては日本のサービスも、海外と同等レベルになっていくでしょう。しかし、それにはまだ時間がかかります。

であればいま、資産を殖やしていかなければならない私たちはどうすればいいのかというと、業界の動きを待つのではなく、いますぐ自ら行動すべきです。

1つ、ヒントとして、投資をする際の目星の付け方をお伝えしておきますと、「これからどこが伸びるか?」という観点よりも、「過去と似た動きをしているところはどこだろう?」という点に着目することです。いわゆる裁定取引（アービトラージ）です。

1例を挙げると、フィリピンでセブン-イレブンを経営している、フィリピン・セブン・コーポレーションの株式は、1998年にフィリピン証券取引所に上場して以来、株価が10年で200倍になりました。

セブン-イレブン・ジャパン株式会社も、1979年の上場時から株式を保有していれば、理論上、100倍になっています（セブン-イレブン・ジャパンは、2005年に株式会社セブン&アイ・ホールディングスに株式を移転）。

つまり、かつて高度経済成長期に日本で起きたことと似た状況が出現することを予測し、それを新興国に当てはめて考えてみるのです。

そうはいっても、彼ら新興国が今後、「世界トップ5の順位を入れ替えるほどに伸びるのか？」というと、それはなかなか難しいでしょう。

ですから、新興国投資を検討される時は、「いつがピークになるのか？」という見極めが必要になりますのでご注意ください。

「これから行動しよう」という方にとっては、あらかじめ利回りのスタンダードを知っておくことで、その利回りが「実はリスク要因なのか？」、それとも「ホンモノの成長要因なのか？」を判断する目安になると思います。

投資リスクリターン表

名称	運用リスク	信用リスク
①保険年金商品（円建）	ほぼ無し	金融機関の倒産（先進国では保険保護機構などのプロテクトあり）
②保険年金商品（ドル建）	円から見た為替リスクのみ	金融機関の倒産（先進国では保険保護機構などのプロテクトあり）
③新築不動産賃料収入	物件価格下落、空室、天災	管理会社の家賃不払い、倒産
④上場株式配当	倒産、減配など	倒産（個別銘柄に比べれば低い）
⑤国債利回り	ほぼ無し	無し
投資の保有期間	期待年利回り（国内）	期待年利回り（海外）
①　10年～	0.5～0.9%	////////////////////
②　10年～	1.0～1.5%	4.0～4.5% ※2
③　1年～	2.5～3.5%	8.0～12.0%
④　1日～	1.3～2.1%	1.9～3.0% ※3
⑤　1年～	0.05～1.0%	2.0～4.3% ※4

※：海外は全て先進国（S&P 等格付が日本以上の国）が対象
※1：2019.4現在の利回りをもとに執筆
※2：米国、シンガポール等の生命保険会社の保険・年金商品の日利回りより抜粋
※3：日経平均株価、S&P500 10年の各年平均配当より引用
※4：シンガポール国債40年物参照

投資をする際に知っておくべき2つのリスクとは

「これから投資を始めよう」という方や、すでに投資を行っている方も含めて、投資をする際に、ぜひ知っておいていただきたい考え方があります。

投資には、「運用リスク」と「信用リスク」という、2つのリスクがあることです。これについては、本シリーズの第2弾『トップ1％の人だけが知っている「仮想通貨の真実」』でも触れましたが、重要な考え方ですので、ここで再度、取り上げたいと思います。

まず、運用リスクとは、運用が期待通りの成果を上げられないリスクのことを言います。

運用リスクの場合、仮に投資商品や運用する会社には何も問題がなかったとしても、市場の動向や流行の変化といった外的要因以外に、商品の欠陥や、運用会社が予想外のアクシデントに見舞われたり、といった内的要因からも発生します。

それに対して、信用リスクとは、運用している会社も含めて、投資商品そのものが持っているリスクのことを言います。

信用リスクの場合、たいてい仕組みがキチンとつくられていません。「仕組み的に不透明な部分がある」「第三者の目が行き届く仕組みになっていない」「そもそも資金を運用する仕組みがない」……といった問題が考えられます。いわゆる投資詐欺は、この信用リスクに該当します。

2つのリスクの、それぞれ事例を挙げてみましょう。


運用リスクの事例としては、まさに先ほどのサンバイオ社がいい例でしょう。他には、たとえばFXも運用リスクに含まれます。

FXは外国為替証拠金取引という、金融商品の1種で、簡単に言うと市場で通貨を売買することです。日本円が高い時に外貨を購入し、安い時に売れば、差益を得ることができます。

この両替差益とは別に、FXにはスワップポイントというものが付きます。両替する外貨との金利差調整金のことです。

日本の金利は世界でももっとも低い部類に入りますので、日本円を売って外貨を購入すれば、たいていはスワップポイントがもらえます。

特に、マイナー通貨であるトルコリラや、南アフリカの南アフリカランドなどは高い金利をもらえる、というので人気があります。

しかし、目先のスワップポイントに釣られてマイナー通貨を購入し、高金利を得られたとしても、日本円に戻す際に通貨が下落していれば、結局、差損が発生します。

実際、リラもランドも年々、価格が下がっています（2019年4月現在）。トルコリラを例に挙げると、同国大統領の強権発言や、市場を無視した経済政策、諸外国との対立などで、通貨はかなり不安定な状態です。

総じて、発展途上国の中でも高い金利が付いている国は、政権が安定せず、経済も混乱していることが多いのが実情です。

高い金利ばかりに気を取られるのではなく、日本円に戻す時のことまでを念頭に、その国の成長率などにも目を向けることが大切です。

続いて、信用リスクの事例としては、2018年に不動産運営会社が破綻した、女性専用シェアハウス「かぼちゃの馬車」事件があります。

不動産投資といえば、一般に出資金が高額な上に、賃貸物件の場合は入居者が入らないリスクもあり、事業的センスを求められる投資法です。

ところが、「家賃ゼロでも儲かる画期的な投資法」という触れ込みで展開していたのが、シェアハウスを運営していた株式会社スマートデイズでした。同社は、物件のオーナーに対して、サブローンによる家賃保証を行っていました。

同社の元社長の著書などによると、かぼちゃの馬車は、主に地方の女性をターゲットにした家具付きのシェアハウスで、入居者に対して就職先の紹介や、仕事のスキルアップ研修を勧めたりすることで、企業から紹介料を徴収し、それによって物件の入居率に関係なく家賃をペイできる、と謳っていました。

しかし実際は自転車操業状態で、物件を販売した代金を家賃支払に充てていました。

この物件のほとんどの融資を引き受けていたのがスルガ銀行で、スマートデイズ側が行なっていた数々の不正を知りながら、融資が行われていたのではないか、との疑惑が持たれています。

社会のインフラであるはずの銀行が、不正に加担していたのではないか、というので、かぼちゃの馬車事件の社会に与えた衝撃は大きなものでした。

不正融資が個人レベルで行われていたのか、会社ぐるみだったのかは、今後の調査にゆだねられますが、実際、こうした事件はしばしば起きています。

相手の不正を見抜くというのは、簡単なことではありませんが、対策の1つとしては、「第三者機関の目が行き届く仕組みになっているか?」「信託銀行などによる資金保全の仕組みがあるか?」などをチェックしてみることでしょう。

「名の通った会社だから」「担当が親身に相談に乗ってくれたから」「知り合いの紹介だから」……ということではなく、「相手の言っていることは本当に正しいのか?」と疑問を持つのは、自らを守るためにも必要なことなのです。

いまの生活を変えなくても、マネープランは達成できる

いかがでしょうか。だんだん、投資とどのように向き合えばいいのかが、つかめてきましたでしょうか?

投資をたとえて言うと、ちょうど賃貸物件を探すのに似ています。

賃貸物件で、「駅近で」「家賃が安くて」「内装が綺麗で」「環境が良くて」「静かで」……などという物件はありません。

たとえば、「駅近なら家賃が高い」「割安物件には難がある」「乗り換えが便利な駅ほど相場が高い」等々、必ずトレードオフの関係にあります。

同じように、投資も理由があって、その価格と利回りになっています。「利回りが低い→それだけ安定している」「高い利回りが見込める→代わりに元本を失う確率も高い」……。

ですから投資を行う際には、リスクとリターンのバランスと、自分が取れるリスクの大きさをギリギリまで測りながら、どれを選ぶのかを、天秤に掛ける必要があるわけです。

最初に、第1章のところで「手残り（資産）を増やす方法」として、

収入＞支出

である、とお伝えしました。

これをさらに細分化して考えると、

1　支出のコントロール。（満足できる最低限の支出を知る）

2　手元に残るお金を増やす。

という順番です。

基本的に、この原則は変わりません。たとえ、宝くじなどに当たって一時的にお金が増えたとしても、この1、2を行わない限り、状況は変わらないのです。

現在、日本の金融商品が、規制や数々の手数料などによって、低い金利に留まっていることは、ここまでお話ししてきた通りです。

これらが変わるには、時間が必要です。「いますぐ」というわけにはいきません。

もしいま、投資によってご自身の資産を殖やしたい、とお思いなのであれば、道は2つです。

《投資によって自分の資産を増やすには？》
【選択1】海外の投資商品にチャレンジする
【選択2】日本の低い利回りの投資商品に甘んじる

※【選択2】を選んだ場合

もし、「海外投資はイヤだ」「どうしても日本の投資でお金を殖やしたい」ということであれば、生命保険や米国債、日本株等々で運用していくことになります。しかし、利回りが低い場合は、この本を参考にしながら余剰資金を大量につくり、規模で殖やしていくしかありません。金額が大きければ、低い利回りであってもお金は増えます。

※【選択1】を選んだ場合

もし、あなたがこの本で貯金体質になった上で、もう1つの選択肢である「海外投資にチャレンジしたい」ということであれば、次の選択肢に進んでください。

《海外投資によって自分の資産を増やすには？》
【選択1】自分で直接、海外投資を行う
【選択2】海外投資の専門家を探す

※【選択1】を選んだ場合

「自ら海外投資を行う」選択をした方の場合、少々、道は遠くなりますが、ご自身で海外メディアの情報収集および精査、契約内容の確認、契約および前後のやりとりを金融機関と直接連携しながら、利回りを確保していくことになります。

かなり茨の道だとは思いますが、多くの方が進もうとしているのは、こちらの道です。確かにネットを使えば、日本にいながらにして海外投資を行うことはできますが、それと「実際に資産を増やせるかどうか」は、また別の話です。

※【選択2】を選んだ場合

もちろん、「海外投資の専門家を探す」を選択した場合であっても、投資の勉強は必要です。「自分で理解していないことを、他人に依頼することの危険性」については、第1章でお話ししました。

とはいえ、こちらの方法であれば、専門家が現地とのコネクションを持っているはずですし、その人が持っている情報や人脈などにアクセスすることができます。

他人に依頼すれば、その分、費用がかかってしまいますが、自分の時間と手間を省いてくれるわけですから、必要経費と見るべきでしょう。

第5章

「ハイブリッド・クワドラント×マネープラン」で、望む人生を実現する

プロの世界で生き残っていくには、〝策〟が必要

第5章では、「ハイブリッド・クワドラント＝複数の収入源を持つ」の実現に向けて、いくつか必要な知識をお伝えしたいと思います。

一般に「投資家」と聞いて、多くの方が思い浮かべるのは、おそらくデイトレーダーのようなイメージではないでしょうか。

デイトレーダーは、始終、画面で銘柄の値動きを追いながら、その都度、判断を下して売買を行わない限り、お金が入ってこない職業です。

つまり自分の時間を使っていますので、実際は「自営業者（Sクワドラント）」です。

これはデイトレーダーだけに限りませんが、技術と経験を必要とする職業の場合、

「どれだけ自分の時間をその仕事に投じることができるか？」ということが、ほぼ勝敗を決します。

自分の時間を投入して技を磨き、より多くの経験を積むことで、ようやく勝てる確率も上がります。だから基本的に、アマはプロには勝てません。

そうは言っても、確かに『一人の力で日経平均を動かせる男の投資哲学』（ｃｉｓ著、角川書店、２０１８年）の著者にして個人投資家であるｃｉｓ氏のように、アマチュアから始めて成功し、プロの投資家になった方も、いるにはいます。

けれどｃｉｓ氏の場合は、学生の頃からゲームやギャンブルに親しみ、就職する前に、すでに得意のパチンコで２０００万円の資産をつくっていました。

氏がデイトレーダーに転向する際は、これらで培った勘や経験が役に立ったでしょう。一見、違うことをやっているように見えても、実際は過去の蓄積を応用していた、というわけです。

デイトレーダーは、やっていることは投資には違いありませんが、自分の時間を使ってお金を生み出している以上、私たちが目指している「投資家（Ｉクワドラント）」とは違います。

私たちが実現しようとしている、ハイブリッド・クワドラントで組み合わせる投資家（Iクワドラント）の場合は、兼業投資家としてお金を投じるまでが勝負です。それ以降、自分でやることは基本的にはありません。

投資したお金は運用先で運用されることになるため、ロック状態となり、解約しない限り、自分で勝手に引き出して別の銘柄に投資することはできなくなります。

Iクワドラントは、投資商品を選ぶための勉強や下調べ、現地の視察などには時間とお金を使いますが、それらが直接、お金を生んでくれるわけではありません。

こう言うと、「Iクワドラントの投資家だって、時間を使っているではないか」と思う人がいるかもしれませんが、どの職業でも、修業期間には時間を要します。

もともと、職業とはお金を得る手段ですから、アマチュアが勝ち続けられるほど甘いものではありません。

プロに囲まれながら、その世界で自分の居場所を確保するには、策が必要なのです。

日本では、投資は依然として一般化しているとは言い難いため、世間では誤ったイメージが伝わっているように感じます。

その1つが「投資は、お金さえ払って専門家に任せておけば、後は勝手にお金を殖やしてくれる」という思い込みです。

投資で成功するには、たとえ専門家にアドバイスを求めたにしても、最終的に投資するかどうかを考え、判断するのは自分でなければなりません。

・自分のお金をリスクにさらして自分で決断することで、判断の精度を上げる
・「専業ではない」という不利な点を補うために、お金を払ってプロから情報を買う
・専業投資家のようには時間を使えないから、中・長期投資をメインに行う

ハイブリッド・クワドラントの兼業投資家として生き残っていくためには、このような理詰めでマネープランの確度を上げていくことが大切です。

いまが平凡なサラリーマンであっても、逆転は可能

「ビジネスで成功した人が、投資においても成功しやすい」というのは、ある意味、当然のことかもしれません。

彼らは、よいビジネスを見抜く目も、人を見る目も持っていることが多いでしょう。

そうなると、結局、サラリーマンが投資で勝つのはムリなのでしょうか？

もちろん、そんなことはありません。私自身、サラリーマンを19年間やっていましたが、平社員の時にはパッとせず、至って平凡でした。学生の頃からビジネスをしていたわけでもなく、独立したのは41歳の時です。

たとえいまが平凡なサラリーマンであったとしても、逆転は十分可能です。

参考までに、私がサラリーマンから独立するまでの過程を、簡単にお話ししたいと

思います。

私は大学卒業後、まだバブル経済の余波が辛くも残っていた時期に、運よく東証一部上場の老舗メーカーに就職しました。

仕事は、輸出入に関する書類のチェックや、工場の受発注の管理などで、いまにして思えば、まったく自分の適性に合っていませんでした。

しかし、当時は自分の適性がどこにあるのかなど知る由もなく、上司がそれを見出してくれることもありませんでした。

私はただ、与えられた仕事をこなすしかありませんでしたが、１つ、意識していたことがありました。それはどんな仕事でも、上司が求めるレベルを予想して、常にそれを超えるように心がけていたことです。

そのため、私はいつも自分が提出した仕事に対して、上司がどのような反応を示すのかを、注意深く観察するようにしていました。

もう１つ、部署異動の話が出るたびに、積極的に自分から手を挙げていました。そうすることで、自分では仕事の経験を積んでいるつもりになっていました。

ところが異動先では、いつも自分が一番下っ端になってしまいます。やがて私は、「どのように接すれば、相手が気持ちよく仕事のコツを教えてくれるか？」「どうすれば、短期間で相手を自分の味方にできるか？」といったことを、自然と身につけていきました。

実は意外に、こうした細かい経験が、後にマネジメントを行うようになってから役に立つとは、当時は思いもよりませんでした。

転機が訪れたのは、会社が業績悪化のために、リストラを行った時のこと。2度目のリストラの際に、30歳になっていた私は、会社から対象者として早期退職募集の用紙を手渡されました。

もっとも私を打ちのめしたのは、私が心密かに「自分も50歳くらいになったら、この人のようになっているのではないか」とベンチマークにしていた人が、肩を叩かれ、会社を去って行ったことでした。

社内にいた中高年社員が、次々と抜けていく有様を見て、そこに「20年後の自分の未来」を見た私は、必死になって生き残る方法を探りました。

やがて、会社が募集していた社内ベンチャー制度のことを知った時、一念発起して、それに応募したのです。そのために、半年ほどをかけて準備しました。

私が社内起業したのは、「アウトレットモールに出店して、在庫処分店を開業する」というものでした。

意外なことかもしれませんが、会社はそれまで、有用な在庫処分の手段を持っていませんでした。新入社員の時に、売れ残った商品の廃棄を手伝わされたことが、記憶の片隅に残っていたことも影響しました。

世の中はちょうど、御殿場アウトレットモールが開業し、アウトレットブームの入口にありました。自分で起こした会社で経営者としての経験を積み、10年後には、晴れて独立することができたのです。

自分にマネジメントの才能があるということを、私は30歳を過ぎるまで気付くことができませんでした。普通の学生生活や平社員生活の中で、マネジメントの才能に気付く機会は、そう多くはありません。リーダーシップであれば、気付く機会は多いかもしれませんが。

苦手なことも得意なことも、どちらも見つけることが将来の糧になります。その場では「ムダだった」と思うようなことであっても、後になって、思わぬ時に過去の経験が役に立つものです。

サラリーマン（E）から他のクワドラントへと壁を越えていく時に一番大切なものとは、結局、サラリーマン時代に培ったものなのです。

サラリーマンを卒業する際、ほとんどのものはお世話になった会社に置いていかなければなりません。会社の看板、名刺、商品など、リソース（資源）と呼ばれるものすべて、です。

そんな中でもクワドラントの壁を越えて持ち出せるものがあります。それは、あなたの身体に染み付いたノウハウです。私はそれをフルに発揮して自営業（S）とビジネスオーナー（B）の壁を破り、そして投資家（I）への進出を図ることで、全クワドラントを網羅することができました。

私の話は、事例の1つに過ぎません。あなたには、あなたが積み重ねてきた蓄積が、必ずあります。しかしそれは、いまは〝点〟の状態のまま、あなたの中でバラバラに散らばっていています。

あなたの中にある点を〝線〟にできるのは、あなたをおいて他にはいません。

これからは、自分の能力開発を、会社に任せてはいられません。自分の能力は、自分で開発していくしかないのです。

やがては正社員制度が有名無実化し、個人が複数の会社と契約を結ぶ世の中がやってくるでしょう。デキる人のところには仕事が殺到し、そうでない人は、アルバイトなどで生活費を補填しなければならなくなります。

自分が望むかどうかは別にして、サラリーマンの方は、万一の時に備えて、常に対外的な自分の市場価値を模索するべきではないでしょうか。

何を副業にすればいいのか？

副業のお話をするにあたって、念のために確認しておきますと、「副業」とは、自分の余暇を使ってお金を稼ぐことです。それに対して、普段やっている仕事のことを「本業」と言います。

サラリーマンの方は、会社へ行って業務をこなすことで給与をもらっていますので、通常の勤務が本業に当たります。

すでに第1章でお話ししたことですが、クワドラントの左側であるサラリーマン（E）と自営業者（S）で自分の収入を上げようと思うなら、手段は2つしかありません。1つは、時間単価を上げる。そしてもう1つは、労働時間を増やす。この2つのどちらか、もしくは、両方です。

では、副業では何に注目すべきかと言えば、ずばり「時間単価」です。
副業は、普段やっている仕事ほどには時間を割けないのが一般的です。

ということは、仮に副業が本業の収入を超えるようなことがあれば、その段階で副業を本業にしたほうがいい、ということになります。

これが、「副業→独立」へのルートなのです。

ですから、副業を開始する際は、時間単価にこだわってください。

もっとも、修業時代は別です。〝修業中の身〟は、いわば商品が未整備なわけですから、そこに高単価は付けようがありません。

ここで再び、私が「サラリーマン→副業→独立」に至った経緯を、お話ししたいと思います。

アウトレット事業が軌道に乗って、功績を認められた私は、会社から役員にしてもらいました。そこで10年間、マネジメントに没頭したものの、東証一部上場企業グループの傘の下にいるサラリーマンであることに変わりありませんでした。

親会社のブランドバリューが大きかったので、その間、私はずっと「事業が上手くいったのは、会社のおかげなのではないか?」と感じていました。

そこで「会社のブランドなしで、自分の本当の実力がどれくらいなのかを確かめたい」と思いました。これが、私が副業を始めた理由です。

考えた末に、私は2つの副業をすることにしました。1つは、加盟店としてフランチャイズのお店をオープンさせること。そして、もう1つは出版でした。フランチャイズにしたのは、店舗マネジメントの経験をすぐに活かせるからです。

そこでは、すぐに黒字化することに成功しました。

出版では、自分のノウハウをメモとして書き溜めておき、それをブログや社内メルマガなどにまとめたものを書籍にしたところ、幸いにしてベストセラーとなりました。

これらの副業によって、私は会社の名前がなくてもやっていける自信を得たのです。

副業を本業にした事例をもう1つ、挙げましょう。

私の友人は、もともと広告代理店で営業をしていました。友人はある時、知り合いから「ヤクルトレディを30人紹介してくれたら、1人500円の紹介料を支払う」と言われ、副収入として1万5000円の紹介料を得ました。

副収入を得たことに喜んだ友人は、それを続けてノウハウを蓄積し、やがて自ら人材派遣業を起こしたのです。

いま、お話しした2つの事例は、自分の経営ノウハウやマネジメント能力、営業スキルなどを応用して副業で経験を積み、起業に至った事例です。

まずは副業として小さくスタートし、事業として成り立つかどうかを、事前にテストしておくと安心です。

副業が本業の収入を超えた時点で独立すれば、後になって慌てるような事態は少なくなるでしょう。

一方で、世の中には、独立できるだけの実力を持ちながら、あえてサラリーマンを続けて、本業と副業のダブルで稼いでいる人もいます。

私の知り合いで、出版社の営業をしながら、副業として、ビジネス書作家の依頼を受けて、本を書店に置いてもらえるように営業活動をしている人がいます。

この方の場合は、会社公認です。会社も実力のある人を失いたくはないので、副業を認めざるを得ないのです。

他には、IT企業で働いている方で、平日は自社サイトの運営・管理を行い、土日に出版社で、編集やライターを副業としてやっている人もいます。

いま、挙げた方々は、本業でやっていることを、他からも、副業として依頼を受けている事例です。

これであれば、本業と副業を両立させ、かつ双方の経験を活かすことができ、相乗効果を狙えます。ある意味、ハイブリッド・クワドラントとして理想の形だと言えるでしょう。

独立志向は今までお世話になった会社に背を向けることではないかと考える方もいるかもしれません。しかし、今後は、雇用形態もこれまで以上に流動化されていきます。

独立しながら、古巣の会社の仕事をメインとして働くといったワークスタイルも普通になっていくのではないでしょうか。

私たちは、自分の本業に多くの時間を費やしています。ですから、その中の一部を事業化するのが、もっともお金になりやすい、ということなのです。

サラリーマンが独立するまでのステップは3つ

サラリーマンの方が、独立に至るステップは、次の3つです。

《サラリーマンが独立するまでの3ステップ》
第1ステップ：本業のスキルを強化する
第2ステップ：本業の中で副業になりそうな要素を選び出し、副業を始める
第3ステップ：副業が本業の時給か収入を超えた時点で独立する

ほとんどの方が、すでに第1ステップの本業では頑張っているはずです。
また、第3ステップの時間単価については、「何を副業にすればいいのか？」のところで、すでにお話ししました。

よって、ここでは第2ステップについて詳しくお話ししたいと思います。

では、その第2ステップについてですが、多くの方は、ここで悩んでいるのだと思います。「何を副業として事業化すればいいのかがわからない」というのが、大方の悩みでしょう。

それに関しては、そもそもお金を稼ぐ仕組みとはどうなっているのかを、理解しておく必要があります。

元来、仕事とは「他人のために働き、お金をもらう行為」のことです。

本質的な話をするのであれば、他人が自分にお金をくれるシチュエーションは、基本的には2つしかありません。

1つは、「義務でもらう」お金です。事前にそういう契約をしていれば、たとえこちらのサービスに不満があっても、相手はお金を支払います。

もう1つは、「相手が喜んで渡す」お金です。相手があなたのサービスに感謝した時に、相手は喜んでお金を払います。もし、あなたが非生産部門などにお勤めで、顧客と直接、接していない場合、〝相手〟とは上司だったり、会社だったりするでしょう。

義務でお金を払った相手は、2回目はあなたに依頼しないかもしれません。つまり仕事とは、他人を喜ばせることが基本になります。

そもそもサラリーマンのメリットとは、会社のブランドを通じて、顧客と出会えることです。つまり自分の名前で顧客を探す必要がなく、相手があなたを知らなくても、あなたは「○○会社の△△さん」と認識され、相手の要求に応えることで、お金がもらえます。

一方、自営業者として副業をする場合は、あなた個人の能力に対してお金が払われることになります。

したがって、あなたの中のどのような能力に対して、他人がお金を払ってくれるのかは、相手の反応を見て判断するしかありません。

ここで、「まだ副業を始めてもいないのに、どうやって相手の反応を見ればいいの？」と思われた方も安心してください。サラリーマンとは、便利な職業ですから。

先ほどもお伝えしました通り、副業とは、本業で行っている業務の一部を事業化することが、もっとも成功する確率が高くなります。

ということは、毎日の仕事をしながら、自分の周りにいる上司や同僚たちの反応を観察すればいいわけです。あなたが何をすると、彼らが喜ぶでしょうか？

あなたの評価が高いのは、どのような仕事でしょう？　もし、2度、3度と頼まれる仕事があれば、それが将来、自分のライフワークになるかもしれません。

さっそく、いまこの場から、自分の周りの反応に注意を向けるよう、行動を変えていきましょう。

いきなりヤマを当てるのは難しいかもしれません。感覚としては、扉をノックする感覚が近いです。「ここだ」と思う扉をノックして、耳を澄ますのです。思った以上の反応（評価）が返ってきたら、勢いよくその扉を開けます。そうでなければ、また別の扉を探しましょう。

私自身も反応を得られなかった扉はいくつもあります。逆に、ノックが返ってきた扉は次から次にノックしていき、事業展開していきます。

人との関係は、必ずギブアンドテイクでできている

ここまでの話をまとめますと、副業とは自分の本業の延長線上にあるものを選び、本業で培ったことを極めるか、それを応用することが成功への近道、ということになります。とはいえ、何も難しいことをしなくてはいけないわけではなく、いま、行なっていることの効果をより高くするために、少し考え方を変えて、よい習慣を取り入れればいいのです。

せっかくですから、本業の強化の仕方も少しお伝えしておきましょう。まずは、事例をご覧ください。

いままでは伝説となっているＧＥの名経営者、ジャック・ウェルチ氏は、サラリーマンの頂点を極めた方です。

あの「巨大な世界的大企業のCEOを務めた人だ」と聞くと、「一体、どうやってそんなすごいことができたのだろう?」と思いますよね?

ヒントは、氏の駆け出し時代にありますので、さかのぼって見てみましょう。

ウェルチ氏は大学を卒業後、GEで研究者として働き始めます。1年後、1000ドル昇給しますが、同じ部署の人間が全員、一律で同額の昇給だったと知って、腹を立てます。

当時の直属の上司はコストにうるさい人で、関係はあまりよくありませんでした。とうとう、一律同額の昇給に我慢ができなくなった氏は、上司に辞めると申し出ます。ところが上司の上の人が、それを知って引き止めに来ました。

上の人は、4時間かけてウェルチ氏の説得を行い、帰宅する途中も、車を停めて公衆電話から電話をかけてきました。昇給を上乗せし、権限も強め、官僚主義的な上司から守ると約束して、ようやく氏は退社を思いとどまりました。

もし氏がこの時、会社を飛び出していたら、伝説は生まれなかったかもしれません。

ウェルチ氏のような人でも、感情にまかせて会社を辞めようとした、というのは興味深い話ですが、直属の上司から煙たがられていた氏が、上司の上司から認められていたのには、理由がありました。

実は氏は、入社した時から、「群れから抜け出す」ことをハッキリと意識して行動していました。「群れ」というのは、ここでは「その他大勢の一般社員」という意味です。

氏は、自社が研究していた新しいプラスチックのコストと、物理的な性質を徹底的に分析し、競合他社が出している主力商品と比較したレポートを提出していました。

これが、上の人に深い印象を残していたのです。

ウェルチ氏の直属の上司は、コストには非常に細かい人だったのに、「自社と他社のコストの比較をする」といった考え方がありませんでした。

一方、ウェルチ氏はコストにうるさい上司に辟易しながらも、自分では自社と他社のコストを計算し、自社の有利になる点はないかと、比較研究を行っていました。

ちょっとした考え方の違いが、大きな差をもたらすのです。

後年、氏は当時を振り返って、このように述べています。

「群れから抜け出すには、与えられた質問の枠を超えて考える必要がある。私はただ質問に答えるだけでなく、上司の意表をつく新鮮な視点を提供したかった」（『ジャック・ウェルチ　わが経営（上）』ジャック・ウェルチ、ジョン・A・バーン著、日本経済新聞社、２００１年）

つまり、ウェルチ氏の成功の秘訣とは、「他人の予測を超える」ことにありました。結局のところ、人との関係は、すべてギブアンドテイクでできています。与えて初めて与えられる、ということです。

ギブアンドテイクは、等価交換が原則です。要は「1倍を渡せば1倍が返ってくる」ということですから、「3倍を与えれば、3倍になって返ってくる」ということになります。

ウェルチ氏は、常に上司が望む以上の結果を出すことを心がけていたため、上司もそれに見合ったものを返してきた、というわけです。

もしいま、あなたに得たいモノがあるのであれば、一番簡単な方法は、先にそれだけの分を相手に与えてしまうことです。「欲しいから与える」で、全然構いません。この「先に与える」行動を続けていると、やがて相手は「もしかすると、次もこの人はこちらの期待以上の結果を出してくれるかもしれない」と思うようになります。すると、相手はだんだんレベルの高い仕事を回してきてくれるようになります。レベルの高い仕事は、当然ながら得られるものもその分、多くなります。

これが「チャンスをつかむ」ということです。

他人に利益をもたらすことができるようになると、向こうからよい話がドンドンやってくるようになります。「この人ならやってくれる」という期待感が、よい話を引き寄せるのです。

仕事にせよ、投資にせよ、基本は同じです。ただし当然ながら、与える相手は選ばなければなりませんが。

ハイブリッド・クワドラントにマネープランを掛け合わせる

注目ワードである副業についてポイントを整理してみますと、

・時間を費やし、競争優位な技術を鍛錬する
・理詰めで成功要因を積み重ねる
・自分の本業の中にヒントの種を見つける
・副業の時間単価が本業を超えたら、初めて起業を考える

となります。

《お金の心配をしなくて済むようになるための3段階》

第1段階：支出を見直して貯金体質になる
第2段階：マネープランを作成し、「老後の安心感」を手に入れる
第3段階：「現役時代の充実」に注力する

「現役時代の充実」としては、
・出世のための自己投資（スキルアップ）
・副業や独立企業への挑戦
・早期リタイヤの実現
・余暇の充実
などが挙げられます。

現在サラリーマンの方であれば、オススメのハイブリット化のステップとしては、
サラリーマン（E）オンリー
↓

サラリーマン（E）＋投資家（I）のハイブリッド
↓
サラリーマン（E）＋投資家（I）＋個人事業主（S）のハイブリッド

の順です（マネジメントが得意な方は、ビジネスオーナー（B）も検討に値します）。

この3段階を実現する際の注意点をお話ししておきますと、老後の安心感を得るための投資に関しては、時間と複利を味方につけ、安定運用を第一に心がけます。

予算の範囲内であれば、ハイリスク・ハイリターンの投資にチャレンジ（「投資予算枠の10％以内」という原則を忘れずに！）したり、もちろんいまを楽しむ費用として使ってもOK。

このようにして、「稼ぐ↓貯める↓殖やす↓使う」……のサイクルを回していくわけです。

確かに、若い方にとっては、老後があまりにも遠すぎて、「いまから老後を考えろと言われても……」と思われるのも、ムリはないでしょう。当然、中には「もっと攻めたい」という人も多いと思います。

そのような方にお伝えしたいのは、「老後に対する不安を抱えたままでは、結局、何をしても、心の奥底から楽しむことはできないのではないか？」ということです。

老後の不安を取り除くことで、人がどれくらい変わるのか、事例をお話ししましょう。20代のサラリーマン・Nさんの例です。

Nさんは学歴が高く、現在、一流企業にお勤めです。

しかし、お会いした当初は、「自信がない」とお話しになっていました。将来に、強い不安を感じていたのです。

そこで、まずはマネープランに取り組んでもらい、「65歳には安心して老後を迎えられる」というプランを立てていただきました。

実際にそのプランに沿って運用を進めていくにしたがい、ご本人も未来への安心感を得られるようになって、現役時代の充実に目が向くようになりました。

さらには副業として紹介業も始め、それを事業化したことによって節税が可能となり、合わせて年間１００万円の手取り収入が増えたのです。いまでは地域の顔のような存在となり、休暇に年３回ほど海外にも出かけています。

ところで、「老後の不安」と言えば、第３章で「９０００万円の資産があれば、年利４％で回すことで、月々30万円の老後資金が確保できる」、というお話をしました。

それを聞いて、「やっぱりそれだけの大金を用意しないといけないんだ……」とプレッシャーを感じた方もいたでしょう。

しかしそれは、あくまでも１つの理想でしかありません。必ずしもこの金額を事前に用意できないと、老後は生活できない、ということではないのです。

もし、それだけの資金を用意できなくても、いくつか代替手段はあります。

たとえば、

・生活費の一部を副収入か、半リタイヤ状態で働くなどして確保する
・配偶者の方がいれば、共働きする

といった方法です。

※ここでは、公的年金をアテにしない前提でお話しします。

たとえ、いまは「70歳まで働かないといけない」という計算になったとしても、現実は常に変化していますから、悲観することはありません。

いまから準備をしていけば、もっと盤石な老後生活を目指すことは可能です。

通常、現役時代は忙しい時期と重なっていることが多いため、「老後くらいは働かずにゆっくりしたい」とお考えの方も多いでしょう。

とはいえ男女を問わず、本業を退職後も、負担にならない程度に何らかの形で社会と接点を持っておくことは、悪いことではないと思います。

大事なことは、可能な限り、予測とそれに対する対策を考えておき、なるべく不安要素を排除していくことです。

「分散投資なら安全」という神話に惑わされない

現在、この本をお読みのほとんどの方は、「これから資産形成をしていこう」という方だと思います。

実際、本書もそういう方を対象に書いているわけですが、そうなると「本の内容を実践し、資産が増えてきた後はどうしたらいいか？」という疑問が出てくることが予想されます。少し未来のことになりますが、お話ししておくことにしましょう。

資産が増えてきた後の、主な対処方法としては「ポートフォリオを作成する」ことが挙げられます。

ポートフォリオとは、自分の資産を〝見える化する〟ことを言います。

資産が増えてきて、投資先も増えてくると、「どこにどれくらい投資を行い」「それがどれくらいの利益を生み出し」「その状態がいつまで続くのか?」ということが、見えづらくなります。

だからポートフォリオを作成することで、資産状況を把握すると同時に、資産計画の見直しや金融商品の入れ替えなどを検討します。

「ポートフォリオとは、資産を分散させることだ」と思っている方も多いようですが、それは結果論にすぎません。

資産を目減りさせる可能性を最小限に抑えるためには、分散せざるを得ないわけです。

一般に、ポートフォリオを作成する意味は3つあると言われており、それが「リスクの分散」「時期の分散」「国（通貨）の分散」です。

投資商品にもいろいろあり、「増えにくいけれど安定運用が見込める債券」や「増える可能性も減る可能性もある株式」など、商品によってリスクの度合いが異なります。

それらを組み合わせることで、損失を抑え、リスクを少なくすることが可能です。

これがリスク分散です。

一般的に、お金が増えてくれれば、失う可能性があることも考えて「一部を運用して増やしておこう」と考えるのが自然です。

しかし、投資をする際は、投入する時期も分けないといけません。これが、時期の分散に当たります。

まず、価格の上下幅が大きいモノへの投資を行う場合、資金の投入時期をずらすことで、振れ幅を小さくする効果が生まれます。ハイリスク投資などを行う際には、リスクを回避する方法の１つとして検討するといいでしょう。

通常、投資というのは、お金を投じた後は、基本的に〝待ち〟の状態となり、資金がロックされます。仮に、お金を投じる時期も、終了する時期もまったく同じだと、資金を動かせない期間ができることになって、チャンスロスにつながります。

日々、生活している中で、実際には短期でなければ預けられないお金もあれば、逆に10年間、手をつけずに放っておけるお金もあります。

これらのタイミングと、お金が一度にロックされる期間をなるべくつくらないように、時期を分散させるのです。

現在は、海外投資を検討することが望ましいことは、先に述べました。国の分散とは、主に投資先や通貨を分散させることを指しています。

海外を相手に取引を行うということは、必ず為替の影響を受けることになります。海外投資で注意すべきなのは、為替の変動でリターンが目減りする可能性です。

とはいえ、外貨を持っておくことで、資産が日本円に偏っているリスクを分散する効果もあります。

外貨を所有するのであれば、新興国通貨よりも、米ドルや英ポンドなど、比較的信用の高い通貨が望ましいでしょう。

いま、説明したポートフォリオの考え方は、知っておいて損のない知識ではあります。

けれども、本書では「資産形成をこれから行う」という方に対して、いきなり分散投資することは、あまりオススメしません。

これから増やそうという人が、資金を細切れにしてしまうと、投資の効果が半減し、かつ手数料がかかる場合もあります。

最初からガードを固めていては、攻めることもできません。「守りながら攻める」というのは、基本は資産規模が大きくなってからでないと、難しいのが実情です。

まだ、ポートフォリオを作成すべき時期に至っていない人で言うと、「収入が高いけれど、支出も高くて資産が少ない方」の場合は、支出を見直すことで、改善は比較的容易です。早く投資がスタートできれば、時間のメリットを活かすこともできます。

一方、「収入が少なめで、資産も少ない方」の場合は、原資をつくるのにも時間がかかります。

こちらのパターンに該当している方が、投資を行う時の考え方としては、期待値が高い商品に1点投資を行うか、もしくは現在、すでに何かの銘柄に投資を行っているようなら、そこに積み増しをしていくほうがいい場合もあります。

もし、どうしても「分散投資がしたい」ということであれば、商品の中ですでに分散がされている、投資信託のような商品に投資を行うのも1つの手です。

実際は、個々人によって状況が違いますから、投資をされる際は、懇意にしているFPなどに相談されるといいでしょう。あなたに相応しい商品を紹介してくれるはずです。

〝点が線になる〟ことで、これまでのすべてが活きてくる

結局のところ、お金・ビジネス・投資というのは、密接な関係にあります。

この3つは不可分の関係にあり、単独では存在し得ない、というのが、私の出した結論です。


話は変わりますが、あなたはアップルの創業者であるスティーブ・ジョブズ氏が、かつてスタンフォード大学の卒業式で行った、有名なスピーチをご存じでしょうか？

スピーチの中で、ジョブズ氏は自分が私生児として生まれ、ブルーカラーの養父母に育てられたこと、大学の学費を払うために、養父母が蓄えをすべて使っていたことを知り、自ら退学の道を選んだことを語ります。

退学したことで、単位取得のための授業に出る必要がなくなった氏は、自分の興味

の赴くまま、カリグラフィー（飾り文字）の授業に潜り込みます。
10年後、氏はMacintosh（マッキントッシュ）の開発の際に、「あの時の授業の内容が脳裏に蘇った」と話し、「点と点がいつ、どのようにつながるのかは誰にもわからない。後になって振り返ってみて、ようやくはっきり見える」と語り、学生に向かって「いまはただ、どこかで点と点がつながると信じることだ」と述べています。

では、「どうすれば点と点がつながるのか？」というと、それは「自分の才能を発揮できる仕事に就いたとき」です。

〝才能〟と言うと、生まれながらの能力のように思われるかもしれません。けれど、スポーツ選手に必要とされるような、一部の身体的能力などを除くと、人間本来の能力には、それほど大きな差はありません。

実は、才能とは過去の蓄積のことです。あなたがどのような価値観の中で育ってきたのか？　どういう教育を受けてきたのか？　何をして過ごしてきたのか？　どのように感じてきたのか？……

それらの総合体が、いまのあなたなのです。

私は、物心ついた頃から、特に抜きん出た能力はなく、学生時代の成績も普通、社会人になってからも、鳴かず飛ばずの日々が続きました。

若い頃に異動を繰り返したため、広く浅く仕事を知っているゼネラリストにはなっても、1つのことを突き詰めるスペシャリストにはなれませんでした。

しかし、それがかえってよかったのだと思っています。私はもともと、範囲を狭めて何かを極めるタイプの人間ではありませんでした。

自分で何かをやるよりも、他人の特性を見極めて、その人に相応しい仕事を割り当てることや、全体を構想すること、つまり、範囲を広げることが私の得意分野だったのです。

マネジメントに出会ってからの私は、それまでムダだと思っていたことが、不思議とすべてつながり、相乗効果を生むようになりました。

これがジョブズ氏の言った「点と点がつながる」ということなのだと思います。

私は、「意味もなく信じろ」とか、「念ずれば通ず」とは思っていません。むしろ理由づけが必要だと考えています。自分の中に根拠を求め、事実に基づいた仮説と検証を繰り返すことでしか、現実を理想に近づけていく方法はないのではないでしょうか。

それは、〝お金〟も同じです。

その昔、人はお金を発明したことで、価値の保存ができるようになり、遠くの人とも取引ができるようになりました。

経済が発展し、豊かな生活を謳歌できるようになった反面、多くの人がお金によって振り回されてもきました。

いま、お金がある人も、特別なことをしてきたわけではありません。コツコツと自分のできることを積み重ねてきた結果です。宝くじが当たったわけでも、遺産相続をしたのでもありません。

大金を手に入れても、それを残す術を知らなければ手元に残しておけないことは、何度もお話ししてきました。

お金がある人とない人との違いは、「いまを起点に考え、実際に行動したかどうか？」です。

現状を把握し、改善し、策を講じること。基本的には、いまあるものを守り、活かすことで、お金は貯まります。

この本をお読みになったあなたは、お金を殖やして経済的な自立を達成するための、基礎的な知識を得ました。次は、この知識を実践する番です。

まずは、ご自身の引退年齢から考えてみてください。もちろん、仮決めでＯＫです。

さあ、未来を想像してみてください。あなたは何歳に老後を迎えたいですか？

そのためにいま、何をしますか？

おわりに

ここまでお読みいただいたあなたには、お金の何が問題なのか、どうすればそれを解決できるのか、もうおわかりのことと思います。

人間には、もともと防衛本能がありますから、基本的には「いま、いくらあって」「これからいくら必要なのか?」が事前にわかっていれば、自然とそれに対する対策を取ろうとするものです。

お金とは、「たくさんないから不安」なのではありません。「お金をコントロールできていないから不安」なのです。

平凡なサラリーマンに過ぎなかった私が、会社のリストラ騒動をキッカケに奮起し、4つのクワドラントを制覇したことは、本文中で述べた通りです。

想像してみてください。

ある日、あなたは人事に呼ばれて会議室に行ってみると、人事部の担当者から、1枚のA4用紙を渡される。

そこには「早期退職制度のお知らせ」と書かれている……。

「もし、次の仕事が見つからなかったら?」「たとえ見つかっても、いまよりも条件の悪いところだったら?」……。

いまは、世界的に有名な会社でさえ潰れる世の中です。明日には、会社がなくなっているかもしれません。

あなたは、そうなった時の準備ができていますか?

もし、私があの時、社内ベンチャー制度に応募せず、サラリーマンを続けていれば、いまごろは課長くらいにはなっていたかもしれません。

そういう人生もありだとは思います。けれど、あのリストラ体験を通じて、私は「自分の人生は自分で決めたい」と強く思いました。

自分が決めたことで失敗したのであれば、仕方がないと思えますが、もう、他人から決められた人生を押し付けられるのはイヤだったのです。

実を言うと、私にとって投資家とは、もっともハードルの高いものでした。最初は失敗の連続で、「自分には向いていないかも」と、遠ざかっていた時期もありました。

そんな私が、こうしてお金に関する書籍を出版し、マネースクールを共催するまでになったのは、ひとえに仲間に恵まれていたからです。


マネースクールの設立からスクール運営まで、二人三脚で苦楽を共にしてきた金融ブレインの堀越健太さん、実例を中心に情報提供をしてくれたFPの高橋聡さん、マネープランシートの作成で尽力してくれたSEの喜多優勝さん、そして、私と一緒にコンテンツ発信のお手伝いをしてくれている森田朱実さん、本シリーズを後押ししてくださった日本経済新聞出版社の方々、強者揃いのビジネスパートナーの皆さま、そして、マネースクールに入会してくださったコミュニティの方々……。


いまの私は、自己責任の世界に生きている代わりに、自分で選ぶ自由があります。

あの時、私の運命を分けたものはたった1つ。それは、行動したか否かの違いだけです。そのたった1つの違いが、大きな差を生んだのです。

これをお読みのあなたの適性がどこにあって、どのような挑戦を始め、それを自分の事業として独立させれば軌道に乗るのか、すべてはあなたの中にあります。
ぜひ、それを見つけるための第一歩を踏み出してください。

本シリーズ第1作である『トップ1％の人だけが知っている「お金の真実」』の出版から3年半という歳月が流れ、シリーズに著述した内容が、いま、次々と私たちのお金を取り巻く課題として、大きくのし掛かってきています。

公的年金制度をあてにしない老後対策。
逆説的ではありますが、1人ひとりが公的制度をアテにしないマネープランを実現することこそが、日本という疲弊した国を救う最良の手立てなのではないでしょうか。公的制度を必要としない人が増えれば、資金は本当に必要な人に届きます。
社会を変えるのは、私たち1人ひとりが持っている力なのです。

令和元年7月吉日

保野成敏

【著者紹介】

俣野 成敏（またの・なるとし）

30歳の時に遭遇したリストラと同時に公募された社内ベンチャー制度で一念発起。年商14億円の企業に育てる。33歳で東証一部上場グループ約130社の現役最年少の役員に抜擢され、さらには40歳で本社召還、史上最年少の上級顧問に就任する。2012年の独立後は、フランチャイズ2業態6店舗のビジネスオーナーや投資活動の傍ら、マネープランの実現にコミットしたマネースクールを共催。

自らの経験を書にした『プロフェッショナルサラリーマン』及び『一流の人はなぜそこまで、◯◯にこだわるのか？』のシリーズが、それぞれ12万部を超えるベストセラーとなる。近著では、日本経済新聞出版社から出版された「トップ1％の人だけが知っている」のシリーズが10万部超えに。著作累計は44万部。

ビジネス誌の掲載実績多数。『MONEY VOICE』『リクナビNEXTジャーナル』等のオンラインメディアにも数多く寄稿。『まぐまぐ大賞（MONEY VOICE賞）』を3年連続で受賞している。

トップ1%の人だけが知っている「最高のマネープラン」

2019年7月19日　1版1刷

著者　**俣野成敏**

発行者　金子 豊
発行所　日本経済新聞出版社
東京都千代田区大手町1-3-7　〒100-8066
電話（03）3270-0251（代）
https://www.nikkeibook.com/

印刷・製本　三松堂
本文DTP　朝日メディアインターナショナル
カバーデザイン　二ノ宮匡（ニクスインク）

ISBN978-4-532-35822-8

読者のみなさまへ3大プレゼント

プレゼント その1　マネープランシートのダウンロード権

ファイナンシャルプランナーが、マネープラン作成の現場で実際に利用しているマネープランシートを無料でご利用いただけます。ぜひあなたもマネープランを作成してください。

プレゼント その2　マネーセミナーのダウンロード権（90分程度）

あなたのマネープランを後押しするセミナー録画を無料でご視聴いただけます。

プレゼント その3　非公開 facebook コミュニティ無料ご招待

「トップ1％の人だけが知っている」読者グループ

見逃せないお金関連のニュースなどを不定期に発信しています。情報のアップデートにご活用ください。

いますぐ下記URLにアクセスして、読者特典のプレゼントを受け取ってください。予告なく終了、または内容変更することがあります。このチャンスをお見逃しなく！

《特典ダウンロードURL》

http://www.matano.asia/money3